Mémoires de mutinerie

étant des réminiscences personnelles de la grande révolte des cipayes de 1857

ARD Mackenzie

Writat

étant des réminiscences personnelles de la grande révolte des cipayes de 1857

Cette édition parue en 2024

ISBN : 9789359946023

Publié par
Writat
email : info@writat.com

Contenu

PRÉFACE.

Les réminiscences contenues dans les pages suivantes ont été initialement publiées dans les colonnes du PIONNIER *; et c'est avec l'aimable autorisation du rédacteur en chef de ce journal que j'ai la possibilité de les rééditer sous la forme de ce petit livre .*

Ils ne prétendent à aucun autre mérite que celui de la vérité. À cet égard, ils peuvent prétendre présenter un compte rendu des événements réels et présenter ainsi au lecteur, même imparfaitement, une esquisse de la grande mutinerie indienne telle qu'elle apparut aux yeux d'un jeune officier subalterne de la cavalerie indigène, qui a eu la chance de participer à sa suppression.

I.
L'ÉPIDÉMIE.

En notant les souvenirs et les croquis contenus dans les pages suivantes, mon objectif est de relater de manière simple et véridique certains épisodes d'une période émouvante de l'histoire militaire indienne.

Les Anglais ne cesseront jamais de s'intéresser à l'histoire de la grande mutinerie des cipayes ; et j'espère qu'une contribution, même aussi modeste que la mienne, au récit de certains de ses détails ne peut pas être considérée comme superflue. On m'a souvent demandé de donner la semi-permanence de l'encre d'imprimerie à quelque histoire racontée sur les noix et le vin ; et enfin, je suis tenté de profiter des loisirs forcés qui m'ont été imposés par les récents règlements limitant la durée du commandement du régiment et me plaçant, avec beaucoup d'autres hommes meilleurs, à contrecœur . *retraite* , tout en étant dans la fleur de l'âge et de l'énergie.

Si je suis obligé, au cours de ces pages, de parler de moi et de mes propres actions, j'espère que je pourrai être absous de l'imputation d'être poussé par des motifs vains ; et que mon excuse peut être trouvée dans l'impossibilité évidente de garder le premier pronom personnel en dehors d'un récit personnel. Le fait d'avoir été mêlé aux événements que je me propose de décrire est évidemment un accident dont, même si je peux m'excuser , je ne suis pas responsable ; et peut-être que si je n'y avais pas participé, j'en aurais peut-être connu beaucoup moins. Que ce soit un avantage ou l'inverse pour un *conteur* est bien sûr une question d'opinion. Certes, un témoin est beaucoup moins gêné dans ses déclarations s'il n'est pas limité et lié par le fait d'avoir été effectivement présent aux scènes décrites dans son témoignage. Ses facultés imaginatives s'en trouvent vivifiées et enrichies.

Jusqu'à présent, bien que souvent fortement tenté, je me suis abstenu de publier le moindre récit des détails des événements de la mutinerie à laquelle j'ai moi-même assisté ; car, comme on le verra, ces détails impliquent certaines corrections dans des récits qui ont été, faute d'informations plus complètes, acceptés comme complets. Bien que parfaitement vrais, sur la plupart des points, jusqu'à présent, ils souffrent néanmoins d'omissions que je suis en mesure de suppléer. L'exactitude de mes rectifications est heureusement susceptible d'une ample preuve, puisque subsistent encore plusieurs officiers très distingués qui peuvent en témoigner ; et dans la plupart des cas, je suis également en possession de preuves documentaires contemporaines concluantes.

Je n'ai pas l'intention d'imposer au lecteur mes propres opinions quant à l'origine de la mutinerie. Si le *fons et origo mali* était profondément enraciné et de croissance lente, si cela était dû au mécontentement politique face au renversement du grand empire Mogal , à l'annexion d'Oudh et à la réduction du roi de Delhi à la position de marionnette. de la John Company Bahadur - ou si elle provenait simplement de la croissance excessive et choyée de l'armée des cipayes, qui, comme l'âne Jeshuron , engraissait et donnait des coups de pied, est une question qui a souvent été traitée par des plumes plus compétentes que la mienne. Il est cependant significatif que de nombreux hommes clairvoyants aient, de temps à autre, émis des avertissements quant à la probabilité d'une telle catastrophe.

Quand enfin la tempête menaçante éclata, mon régiment, le dernier 3e de cavalerie légère du Bengale, fut l'un de ceux qui éclatèrent en révolte à Meerut. Dans ses rangs se trouvaient quatre-vingt-dix hommes armés de carabines à chargement par la bouche ; et ce furent ces carabiniers qui les premiers défièrent l'autorité en refusant d'utiliser les cartouches qui leur étaient fournies, sous prétexte qu'ils soupçonnaient que la graisse utilisée pour les lubrifier était composée de saindoux de porc. Ce prétexte était, à première vue, absurde ; puisqu'en réalité les cartouches avaient été fabriquées régimentairement ; et tous les hommes savaient parfaitement qu'un composé aussi innocent que la cire d'abeille et le beurre clarifié avait été appliqué comme lubrifiant. Cependant, le mot avait été passé dans toute l'armée indigène du Bengale pour que la cartouche remette en question le test quant à savoir lequel était le plus fort : le soldat indigène ou le gouvernement. Chacun se souvient des mystérieux « chuppatties » ou galettes de blé qui, peu avant la mutinerie, circulaient de régiment en régiment. Le message qu'ils véhiculent n'a jamais été compris par les Anglais ; mais il ne fait aucun doute qu'ils étaient en quelque sorte un signal, compris par les cipayes, d'avertissement pour se préparer aux événements à venir.

Le colonel Carmichael Smith, commandant la 3e cavalerie légère, en vue de tester la volonté ou non des carabiniers de son régiment d'utiliser les cartouches, organisa un défilé spécial à cet effet le 24 avril 1857 ; et, après un discours explicatif, faisant remarquer aux hommes le caractère infondé de leurs craintes, il leur ordonna d'utiliser les cartouches. Quatre-vingt-cinq d'entre eux ont refusé. Une commission d'enquête a ensuite été tenue sur leur conduite, suivie de l'inévitable cour martiale. Une seule conclusion était possible ; et la sentence prononcée contre tous les coupables fut de dix ans de prison. Cette durée, dans le cas de certains des plus jeunes soldats, a été réduite à cinq ans par l'officier confirmateur, le général Hewett, commandant la division Meerut. Le 9 mai au matin, toute la garnison de Meerut défila pour entendre la lecture des sentences ; après quoi chaque forçat était équipé d'une paire de fers pour les jambes, posés sur place sur ses chevilles par des forgerons.

Dans un silence maussade, les deux corps d'infanterie indigènes, le 11e et le 20e, et mon propre régiment, qui fut démonté à cette occasion, furent témoins du châtiment dégradant. Cela aurait été une folie de leur part de tenter un sauvetage ; car ils auraient été balayés de la surface de la terre par les canons de l'artillerie et les fusils du Her Majesty's 60th Foot, sans parler des épées des 6th Dragoon Guards, des Carabiniers, qui étaient tous pourvus de munitions de service. , et étaient placés de manière à avoir les régiments indigènes à leur merci.

Pendant plus d'une heure, les troupes restèrent immobiles, les nerfs à la plus haute tension, tandis que les chaînes des criminels étaient méthodiquement et nécessairement lentement martelées sur les chevilles des misérables criminels, chacun à son tour appelant bruyamment ses camarades à l'aide et les insultant. , dans un langage féroce, tantôt leur colonel, tantôt les officiers qui composaient la cour martiale, tantôt le gouvernement. Aucune réponse n'est venue des rangs. L'impressionnante cérémonie s'est achevée. Les prisonniers étaient pris en charge par les autorités de la prison et une garde d'infanterie indigène ; et les troupes retournèrent à leurs quartiers. Pendant quelques heures, tout fut calme. Le serpent de l'insubordination était, selon toute apparence, écorché, voire tué. Tout le monde espérait que la sévère leçon avait été efficace ; mais une rude désillusion nous attendait.

Le lendemain soir, ce mémorable dimanche 10 mai 1857, à l'heure où les gens les plus nobles se rendaient à l'église, je lisais tranquillement un livre dans mon propre bungalow lorsque mon porteur Sheodeen s'est précipité dans la pièce, s'exclamant qu'un *charlatan* (dans notre langue vernaculaire, une émeute) se déroulait dans les lignes, que les cipayes s'étaient levés et étaient en train d'assassiner le *logue Sahib* . Pas un instant je n'ai cru la dernière partie de son histoire, même si les détonations rapides et fréquentes d'armes à feu, qui troublaient maintenant le calme du sabbat soir, ne faisaient que trop ressortir la vérité de la première. L'idée qui m'est venue à l'esprit était que nos hommes de cavalerie attaquaient l'infanterie indigène pour se venger des ricanements avec lesquels nous savions tous que ces autres avaient librement, depuis le défilé de punition, fouetté leur apathie soumise en témoignant, sans tenter de le faire. le sauvetage, la dégradation de leurs camarades. En vérité, — tant le lien de *camaraderie est fort* — mes sympathies allaient toutes dans la mauvaise direction ; et je me serais secrètement réjoui d'avoir vu l'insulte vengée. Enfilant précipitamment mon uniforme et mon épée, je sautai sur un cheval et galopai vers les lignes régimentaires ; mais j'avais à peine franchi la porte de mon complexe que je rencontrai le sergent-chef anglais de mon régiment qui s'enfuyait à pied pour sauver sa vie depuis sa maison dans les lignes.

"Oh mon Dieu ! Monsieur", s'est-il exclamé, "les soldats viennent nous découper." « Restons-nous donc ensemble », répondis-je ; "Deux valent mieux qu'un." Il hésita un instant. Puis, en regardant en arrière, la vue d'un petit nuage de poussière venant rapidement de loin a eu raison de sa résolution, et il s'est précipité par la porte dans le parc de mon bungalow et a escaladé le mur qui les séparait de ceux de la maison voisine. Instantanément, une petite foule de *budmashes* , [1] parmi lesquels j'ai reconnu mon propre veilleur de nuit, l'a attaqué. Le chowkidar le frappa avec sa lance alors qu'il traversait le mur et lui ouvrit les lèvres. À ma grande joie, il a tiré avec le canon d'un fusil qu'il portait avec lui et a abattu la brute. Il est ensuite tombé au sol de l'autre côté et a disparu de la vue. On connaîtra plus tard ses aventures ultérieures : car je suis heureux de dire qu'il s'en est tiré avec la vie.

A ce moment, un cipaye d'infanterie, armé d'une épée, fit un brusque coup sur ma tête. Je n'avais pas dégainé mon épée, et j'eus seulement le temps d'enfoncer un éperon dans le flanc de mon cheval et de le pousser presque sur mon ennemi. Cela a gâché son coup, et son tulwar a heureusement raté son objectif et n'a fait que couper ma moelle scapulaire droite. À ce moment-là, j'avais sorti mon arme de son fourreau, mais le cipaye refusa tout autre jeu d'épée et escalada rapidement un mur hors de ma portée. Alors que je me détournais de lui et regardais vers les lignes, j'ai vu qu'elle était pleine de cavaliers galopant vers moi. Même à ce moment-là, il ne m'est pas venu à l'esprit qu'ils pouvaient avoir des intentions hostiles à mon égard. Je leur ai crié d'arrêter. C'est ce qu'ils firent et m'entourèrent ; et, avant de savoir ce qui se passait, je me suis retrouvé à repousser, du mieux que je pouvais, un assaut féroce lancé par de nombreuses lames. Quelques instants auraient scellé mon sort lorsque, providentiellement, feu le lieutenant Craigie sortit de son portail un peu plus loin sur la route et vint directement à mon secours. Cette diversion m'a sauvé. Les soldats se sont dispersés devant nous et se sont dirigés vers les lignes européennes. Il n'était que trop clair maintenant qu'une mutinerie, et la plus grave, battait son plein. Notre devoir était clair, bien que très difficile à accomplir, car à ce moment la femme du lieutenant Craigie et ma sœur étaient en route ensemble dans sa voiture vers l'église, située dans les lignes européennes, et notre premier mouvement naturel fut de galoper après elles. Mais ils étaient partis depuis peu de temps auparavant, et nous espérions qu'ils étaient déjà arrivés à destination et qu'ils étaient en sécurité parmi les troupes britanniques. La discipline militaire met parfois à rude épreuve le soldat ; et maintenant nous sentions que femme et sœur devaient être laissées entre les mains de Dieu, et que notre place était parmi les mutins sur le terrain d'armes. Nous y allâmes aussi vite que nos chevaux pouvaient nous porter, et nous nous trouvâmes dans une scène de grand tumulte. La plupart des hommes étaient déjà à cheval et couraient en toute liberté, criant et brandissant leurs épées, tirant en l'air avec des carabines et des pistolets, ou se formant en groupes excités. D'autres sellaient précipitamment leurs chevaux et rejoignaient en toute hâte leurs camarades.

Presque tous les officiers britanniques du régiment sont descendus sur le terrain et ont utilisé tous leurs efforts de supplication, et même de menace, pour rétablir l'ordre, mais en vain. Il est à leur honneur de dire que les hommes ne nous ont pas attaqués, mais nous ont avertis de partir, en criant que le Raj de la Compagnie était terminé pour toujours ! Certains semblaient même hésiter à rejoindre les mutins les plus bruyants ; et Craigie, observant cela, fut amené à espérer qu'ils pourraient être gagnés à notre côté. Il était un excellent linguiste et avait une grande influence parmi eux, et il parvint finalement à convaincre une quarantaine ou une cinquantaine de soldats de l'écouter et de se séparer en groupe. Soudain, une rumeur nous parvint que la prison était attaquée et que les prisonniers étaient libérés. Ayant appelé feu le lieutenant Melville Clarke et moi-même pour l'accompagner, Craigie a persuadé le groupe qu'il avait rassemblé de le suivre, et nous sommes partis vers la prison. Les routes étaient pleines d'indigènes excités qui hurlaient d'approbation pendant que nous les traversions, car ils ne distinguaient évidemment pas dans le crépuscule les officiers britanniques et prenaient tout le groupe pour une bande de mutins. Nous, trois officiers, étions en tête, et à mesure que nous approchions de la prison, notre allure augmenta, jusqu'à ce que d'un trot vif nous nous mettions au galop. Déjà les cipayes et la foule avaient commencé leur œuvre destructrice. Des nuages de fumée de tous côtés marquaient les endroits où les maisons avaient été incendiées. Les lignes télégraphiques furent coupées, et un fil détendu, que je ne vis pas alors qu'il traversait la route, me frappa en pleine poitrine et me renversa dans la poussière. Sur mon corps prostré se déversait toute la colonne de nos partisans, et je me souviens bien de mes sentiments lorsque je levai les yeux vers les sabots brillants. Heureusement, je n'ai pas été blessé et, reprenant mon cheval, je suis remonté et j'ai bientôt rattrapé Craigie et Clarke, lorsque j'ai été horrifié de voir un palanquin gharry - une sorte de voiture à flancs vénitiens en forme de boîte - traîné lentement vers l'avant par son véhicule. cheval sans conducteur, tandis qu'à côté de lui chevauchait un soldat du 3e cavalerie, plongeant à plusieurs reprises son épée par la fenêtre ouverte dans le corps de son occupante déjà morte, une malheureuse Européenne. Mais Nemesis était sur le meurtrier. En un instant, Craigie lui avait infligé une coupure à la nuque, et Clarke l'avait traversé le corps. Le misérable tomba mort, la première victime cipaye à Meerut de l'épée du vengeur du sang. Tout cela se passa en une seconde, et il était hors de notre pouvoir de l'empêcher ; mais le sort de leur camarade les excita et les irrita évidemment beaucoup. Des cris de « *maro ! maro !* » (« tuer ! tuer ! ») commencèrent à se faire entendre parmi eux, et nous pensions tous que la fin approchait. Cependant, aucun des hommes ne nous a attaqués et, quelques minutes plus tard , nous sommes arrivés à la prison, pour constater qu'il était trop tard. Les prisonniers en sortaient déjà en masse ; leurs chaînes étaient abattues par les forgerons sous nos yeux ; et le gardien de prison composé d'infanterie indigène qui nous approchait a répondu à nos questions en nous tirant dessus, heureusement sans toucher aucun de nous. Il n'y avait plus qu'à retourner au cantonnement.

A peine avions-nous tourné la tête de nos chevaux que toute l'horreur de ce qui se passait éclatait sur nous. Les cantonnements entiers semblaient un amas de flammes. Si avant nous roulions vite, maintenant nous volions ; car les craintes les plus pressantes pour la sécurité de ceux qui nous étaient chers nous torturaient jusqu'à la folie. Pendant que nous avancions, Craigie m'a permis de le quitter et de partir à la recherche de sa femme et de ma sœur , et d'emmener tous les hommes qui m'accompagneraient. J'ai levé mon épée et j'ai crié aux volontaires de venir sauver ma sœur , et quelques dizaines d'entre eux ont galopé après moi. Aussi fort que nos chevaux pouvaient galoper, nous nous précipitâmes. Chaque maison devant laquelle nous passions était en flammes, la mienne y compris, et mon cœur se serra. La maison de Craigie seule ne brûlait pas lorsque nous y arrivâmes : c'était un grand bâtiment à deux étages , sur un terrain très étendu, entouré, comme c'était alors l'usage, d'un mur de terre battue. Ici, j'ai trouvé Mme Craigie et ma sœur . Ils n'étaient jamais arrivés à l'église. Leur cocher avait rebroussé chemin, terrorisé par la foule. Alors qu'ils passaient devant le bazar, un soldat du 6e Dragoon Guards se précipita hors d'une voie secondaire, poursuivi par une foule hurlante. Les braves dames, au péril imminent de leur vie, arrêtèrent la voiture, l'emmenèrent et partirent à toute vitesse, suivies sur une certaine distance par les misérables assoiffés de sang qui, étant à pied, furent bientôt laissés en arrière, non plus, cependant, jusqu'à ce qu'ils aient lacéré avec leurs tulwars à plusieurs endroits le capot de la voiture, dans de vains efforts pour atteindre les détenus.

Il est impossible de se rendre compte des terreurs que ces dames ont dû subir jusqu'au moment de mon arrivée. Chaque minute, ils désespéraient de survivre à la suivante. Tout autour d'eux, des flammes de maisons en feu et des foules de démons hurlants ! Ne sachant pas si le mari et le frère étaient vivants ou morts, apparemment abandonnés par Dieu et les hommes, sans espoir de secours, ils ne désespérèrent jamais, ni ne perdirent leur courage ou leur présence d'esprit. Leur première pensée avait été de trouver les armes de Craigie et de les placer là où elles seraient à portée de main si lui ou moi venions un jour. Rien n'avait été négligé. Trois fusils à double canon étaient adossés au mur, avec une poudre, des balles et des amorces. Ils n'étaient pas chargés, car les dames ne savaient pas comment les charger ; et le malheureux carabinier était dans un état d'effondrement nerveux. Fou de joie et reconnaissant à la Providence de les retrouver encore vivants et indemnes, je ne pouvais leur cacher que l'extrême danger n'était en aucun cas écarté et qu'ils auraient encore besoin de tout leur courage. Le plus grand risque que je ressentais instinctivement venait du caractère incertain de mes hommes ; et j'ai décidé de faire un coup désespéré. J'amenais donc les dames à la porte de la maison, et, m'appelant, les cavaliers recommandaient leur vie. Il est impossible de comprendre les torrents rapides de sentiments qui inondent le cœur des Orientaux dans les périodes d'intense excitation. Comme des fous, ils se jetèrent à bas de leurs chevaux et se prosternèrent devant les dames, saisissant leurs pieds et les plaçant sur leur tête, tout en jurant, avec larmes et sanglots, de protéger leur vie avec la leur.

Grandement rassuré par cet éclat d'émotion manifestement authentique, j'ordonnai maintenant aux hommes de monter à cheval et de patrouiller le terrain, tandis que j'emmenais les dames à l'étage, puis chargeais tous les fusils à balle. J'en ai placé un tout seul contre le mur. Longtemps après, dans la tranquille Angleterre, ma sœur , qui survit encore, m'a dit qu'elle et Mme Craigie comprenaient bien l'usage sacré auquel ce fusil était, en dernier ressort, voué, et que cette connaissance les réconfortait et les fortifiait.

À travers les fenêtres jaillissait une lumière brillante provenant des maisons en flammes de tous côtés. Le sifflement et le crépitement des bois en feu, les cris de la foule, les fréquents coups de feu, tout cela formait un rugissement confus, dont l'horreur aurait pu vaincre les nerfs des dames ; mais j'ai appris pendant cette terrible nuit l'héroïsme tranquille dont nos douces compatriotes sont capables en cas de besoin. Alors que je sortais sur la véranda supérieure , j'ai été aperçu par des membres de la foule qui détruisaient la maison d'en face. « Il y a un feringi », criaient-ils ; « Brûlons ce grand *kothi* » (maison), et plusieurs d'entre eux coururent avec des brandons allumés jusqu'au mur d'enceinte ; mais en voyant mon fusil pointé sur eux, ils se ravisèrent et reculèrent. Cela s'est produit plus d' une fois . Cela semblait n'être qu'une question de temps avant que notre maison ne soit incendiée à un moment ou à un autre. Heureusement, je me souvenais de l'existence dans le parc d'un petit sanctuaire hindou, solidement construit en maçonnerie, sur un socle élevé et avec une seule entrée à laquelle on accédait par une volée de marches en pierre ou en brique. Si seulement je pouvais faire passer mes charges, ainsi que les armes et les munitions en toute sécurité à travers l'espace ouvert entre nous et ce bâtiment, j'étais sûr de pouvoir tenir jusqu'à ce que l'aide arrive : car l'aide viendrait sûrement bientôt ! Le 6e Dragoon Guards, le 60e Rifles et les batteries d'artillerie à cheval n'étaient-ils pas à quelques kilomètres ?

À ce moment-là, nous fûmes acclamés par l'arrivée du lieutenant Craigie, qui, après mon départ, était retourné au terrain d'armes où le tumulte était encore à son comble, par les efforts héroïques des officiers britanniques pour ramener les hommes à la raison. étant assez futile. Finalement, voyant le désespoir de tout effort ultérieur et trouvant les hommes devenant de plus en plus incontrôlables, ils furent contraints de se retirer et de se diriger vers les lignes européennes, emportant avec eux les étendards désormais à jamais déshonorés du régiment. L'un d'eux, feu le major Fairlie, portait également avec lui une balle logée dans son arçon. Craigie est ensuite revenu vers nous au péril de sa vie, accompagné de quelques hommes qui ne l'avaient jamais quitté. Il approuva chaleureusement mon projet ; et, l'ayant expliqué aux dames, elles rassemblèrent rapidement quelques vêtements nécessaires, etc.; et chacune portant son paquet, et cachée autant que possible sous une couverture sombre, tandis que Craigie, le carabinier et moi-même portions les fusils et les munitions, nous saisissions un moment favorable et courions rapidement vers notre nouvelle forteresse.

Une fois sur place, nous étions à l'abri de l'épuisement et même de toute attaque réussie de la part de l'équipage lâche auquel nous avions affaire. L'espace intérieur était très petit, probablement environ dix pieds carrés. Devant se trouvait la porte étroite ; et dans les murs massifs se trouvaient des fentes semblables à des meurtrières par lesquelles on pouvait observer si l'on tentait de s'approcher de l'endroit. De temps en temps, nos soldats nous apportaient des nouvelles de ce qui se passait. La nuit n'était pas longue quand on nous apprit que, apparemment, tout le corps des mutins, à cheval et à pied, s'était éloigné vers Delhi. Leur attaque contre les lignes européennes, s'ils en avaient fait une, avait clairement échoué ; et les seuls maraudeurs restant à Meerut étaient les bouchers et autres racailles de la ville et des bazars. Bientôt, un de nos hommes se dirigea vers la maison d'en face, qui à ce moment-là était presque entièrement incendiée. Il est revenu avec une terrible nouvelle. Il avait retrouvé le cadavre de son occupante, une dame dont le mari, au début de la mutinerie, était absent dans le quartier européen. Elle avait été assassinée de la manière la plus cruelle et la plus brutale, son enfant à naître partageant son sort pitoyable. Il nous a montré, pour confirmer son récit, une partie de sa robe qui empestait le sang. Non loin de nous, une autre dame, alors qu'elle tentait de s'enfuir, déguisée en ayah, fut reconnue européenne et assassinée. Deux vétérinaires attachés au régiment avaient été tués, l'un d'eux avec sa femme, dans des circonstances d'une horreur effroyable. Ils étaient tous deux alités, atteints de la variole, lorsque le tumulte de la foule les fit sursauter ; et ils arrivèrent, en vêtements de nuit, dans la véranda, lui portant un fusil chargé de plomb, qu'il déchargea sur la foule, ne faisant que la mettre encore plus en colère. Il a été abattu sur le coup. Son épouse a connu un sort encore pire. Les démons lâches, craignant de la toucher à cause du danger d'infection, lui jetèrent des tisons allumés. Sa robe a pris feu ; et elle périt ainsi misérablement. Mon propre camarade de maison, un bon jeune officier, avait été assailli alors qu'il se rendait à l'église, et tellement mis en pièces que, sans sa longueur (il était très grand) et les lambeaux de son uniforme qui lui collaient encore, ses restes auraient été méconnaissables lors de leur récupération ultérieure. Une pauvre petite fille, fille d'un des sous-officiers britanniques du régiment, avait été égorgée d'un coup d'épée qui lui avait coupé le crâne en deux. Des scènes comme celle-ci avaient été jouées partout à Meerut ; mais j'épargnerai au lecteur d'autres détails. S'il est écoeuré par ce que j'ai déjà écrit, je peux seulement dire que de simples généralités, aussi explicites soient-elles, sont insuffisantes pour lui donner une image fidèle de ce que les hommes, femmes et enfants anglais ont souffert aux mains des mutins, non seulement à Meerut, mais presque partout dans le nord-ouest de l'Inde.

En ces jours d'agitation pour l'abrogation de la loi sur les armes, il est bon de rappeler aux Anglais restés au foyer ce qui s'est passé autrefois et ce qui pourrait se produire à nouveau si une vague de mécontentement politique ou de fanatisme religieux balayait malheureusement une fois de plus le « pays ». de regrets."

Nous écoutions maintenant avec anxiété le bruit des sabots des chevaux, le grondement des fusils ou le piétinement des pieds venant à notre secours, mais aucun ne venait ! Heure après heure, la foule restait toujours tranquille dans son travail de destruction et de meurtre. Nous apprîmes ensuite qu'un fort détachement à cheval avait été envoyé pour nettoyer les cantonnements et secourir les survivants du massacre ; mais, chose incroyable à raconter, il avait été induit en erreur par l'officier d'état-major chargé de le guider et n'avait jamais atteint sa destination prévue. Parmi les soldats qui nous accompagnaient se trouvaient un ou deux traîtres, dont le seul but en restant était de saper la loyauté des autres. Une jeune recrue qui avait récemment fait ses études d'équitation dans la même équipe que moi, vint bientôt vers moi alors que je me tenais parmi un groupe d'hommes à l'extérieur de notre forteresse (car Craigie et moi essayions maintenant à tour de rôle d'essayer). et rassurez-les en vous mêlant à eux), et m'a averti de me méfier du Havildar-Major, qui, dit-il, à ce moment-là, avait exhorté les autres à me tuer. On peut bien imaginer que j'ai pris très grand soin ensuite de garder un oeil vigilant sur ce sous-officier, et de lui faire voir par un contact de ma main sur la garde de mon épée que j'étais tout à fait prêt à tout mouvement suspect. de sa part. Peu de temps après, lui et quelques autres sont sortis à cheval par la porte, et nous ne les avons plus vus. Ils n'étaient pas partis depuis longtemps lorsqu'un serviteur de Craigie, un porteur hindou, s'est approché de nous avec une grande excitation pour nous annoncer qu'une foule de *budmashes* arrivait à la porte. Il nous a supplié de lui donner une de ces armes et de le laisser aller tirer dessus. Que ce soit sagement ou non, nous l'avons fait ; et presque immédiatement après, nous entendîmes une détonation, suivie de cris et de gémissements. Quelques instants plus tard, le porteur revint et nous rendit le fusil, disant qu'il avait tiré sur « les bruns » de la foule qui avançait, qu'il avait abattu l'un d'eux et que les autres s'étaient enfuis.

Il était maintenant environ minuit. Le tumulte s'apaisait ; et nous décidâmes de nous échapper, si possible. Ainsi, de nos propres mains, les *syces* (palesseurs) s'étant enfuis, nous avons attelé les chevaux de Craigie à sa voiture ; il plaça les dames et le carabinier à l'intérieur avec les trois fusils ; J'ai demandé à un garçon indigène qui montait habituellement en postillon et qui, heureusement, n'était pas parti avec les syces, de monter sur l'un des chevaux et de partir, Craigie et moi chevauchant l'épée nue à côté de la voiture. C'était un moment critique. Un groupe de soldats, visiblement hésitants dans leurs intentions, occupaient l'avenue devant nous, parlant et gesticulant bruyamment. Le postillon hésita ; mais, lorsque nous avons menacé de lui transpercer le corps s'il ne galopait pas immédiatement, il a repris courage, a fouetté ses chevaux, et en un instant nous avons chargé et dispersé le groupe qui nous gênait, et nous courions le long de l'avenue. à toute vitesse sur le corps de l'homme qui avait été tué par le fidèle porteur, et qui fut ensuite identifié comme étant un boucher musulman , classe d'hommes qui figuraient parmi les acteurs les plus sanguinaires de cette nuit-là. En sortant de la porte à notre gauche, nous suivions la route qui menait au terrain d'armes du régiment, d'où s'étendait une plaine presque ininterrompue jusqu'aux lignes européennes. Nous trouvâmes la plaine déserte ; et nous nous dirigeâmes rapidement jusqu'à ce que nous atteignions un petit tronçon de route droite qui conduisait aux écuries des carabiniers. À l'extrémité, nous avons vu une lumière que nous avons, à juste titre, pris pour un feu de port . Faisant ralentir le postillon, Craigie et moi avons galopé en avant en criant "Ami ! Ami !" à l'extrême limite de nos poumons ; et c'est bien que nous l'ayons fait ; car nous avons trouvé à un point où un pont traversait un nullah un piquet avec un fusil traîné le long de la route ; et le subalterne qui nous commandait nous dit qu'il était sur le point de tirer sur notre groupe qui approchait rapidement lorsque nos voix lui parvinrent. Enfin, avec une profonde gratitude, nous avons senti que nos proches étaient à nouveau en sécurité parmi nos propres compatriotes. La femme d'un sergent des carabiniers hébergea très gentiment ces dames pour le reste de la nuit ; et Craigie et moi avons bougé pour nous-mêmes, *en plein air* .

Pour revenir aux aventures du sergent-intendant du régiment après son départ. Couvert de sang par la blessure à la lèvre et portant son fusil dans une main et son épée dans l'autre, il offrit un spectacle assez saisissant lorsqu'il fit irruption dans une chambre d'un bungalow voisin occupé par deux jeunes officiers et les avertit : inconscient – de ce qui se passait. Ils ne perdirent pas un instant à enfiler leurs épées et à se précipiter vers les écuries. Ce faisant, ils virent l'un des leurs s'enfuir avec une selle sur la tête. Ils n'ont pu trouver que deux autres selles ; mais heureusement, des brides pour trois chevaux étaient accrochées à leurs piquets habituels. Les enfilant rapidement, ils montèrent à cheval, donnant au sergent un animal à dos nu, et se dirigèrent vers une porte. Elle a été bloquée par des mutins. Ils se tournèrent vers l'autre : celui-là aussi était bloqué. Leurs vies semblaient perdues, lorsqu'un de leurs serviteurs, un balayeur, de la caste la plus basse et la plus méprisée des domestiques indiens, insouciant de la certitude que sa propre vie serait sacrifiée à la fureur de la foule déçue de sa proie, les implora de les suivre. lui. Courant devant eux, il les conduisit à l'arrière des dépendances et leur montra une brèche dans le mur de l'enceinte [2] que les domestiques avaient creusé pour leur propre convenance. Par cette brèche, ils filèrent et galopèrent, échappant aux coups de feu précipités qui étaient tirés après eux, et atteignirent finalement en sécurité la caserne du 60th Rifles. Le balayeur fut victime de la colère des poursuivants. Il a été mis en pièces. Aucune action plus belle n'a jamais égayé les jours sombres de « 57 » que l'abnégation de ce héros obscur et anonyme.

NOTES DE BAS DE PAGE :

[1] Des coquins.

[2] Nom donné au terrain clos d'une maison des provinces du Nord-Ouest.

II.
ESCARMERIE.

Avant de poursuivre mon récit, je souhaite attirer particulièrement l'attention sur une circonstance qui, autant que je sache, a été négligée par tous les historiens de la mutinerie. C'est le fait que, comme j'en ai été informé à l'époque, les autorités militaires, en raison de l'allongement des jours et de la chaleur croissante de la saison, avaient fait avoir, le 10 mai 1857, le défilé de l'église du soir, une demi-heure plus tard. plus tard qu'autrefois. J'en suis fermement convaincu, ce changement nous a sauvé d'une terrible catastrophe. À cette époque, les troupes britanniques assistaient au service divin pratiquement sans armes, car elles n'emportaient ni fusils, ni carabines, ni munitions. Leurs seules armes étaient leurs armes de poing. Les mutins n'étaient bien entendu pas au courant de ce changement. Ils se révoltèrent une demi-heure trop tôt. S'ils avaient attendu que le 60th Rifles fût solidement rassemblé dans l'église, qu'est-ce qui aurait pu les empêcher de maîtriser les petits gardes autour des fusils et des canons, et de détruire complètement la foule sans défense de soldats parqués, comme des moutons, entre quatre murs. La Providence s'est liée d'amitié avec nous. Lorsque les premiers éclaireurs de la cavalerie arrivèrent au galop vers les lignes européennes, ils trouvèrent les soldats blancs tomber à leur place lors du défilé. Une fois l'alarme donnée, toute tentative de surprise était hors de question, et l'espoir de réaliser un massacre facile se transforma en crainte du terrible châtiment qu'on pensait que les troupes européennes, désormais en alerte, ne manqueraient pas d'exiger rapidement. . Cette peur modifia tous leurs plans et hâta leur fuite vers Delhi, si graphiquement décrite par Sir John Kaye ; mais hélas! aucune rétribution rapide n'a suivi.

Les troupes européennes, fortes de 1 500 hommes, sont paralysées par l'irrésolution de leur chef. Si le vaillant Hearsey ou Sidney Cotton avait occupé la place de Hewett à Meerut, on peut dire sans se tromper que, malgré les ailes que la peur prêtait aux mutins lors de leur fuite vers Delhi, peu d'entre eux auraient jamais atteint ce havre de leurs espoirs. Les éclats de l'artillerie et les épées des carabiniers les auraient anéantis. Il est vrai que les généraux Hewett et Archdale Wilson, tard dans la soirée, ont déplacé les troupes sur la plaine ouverte du terrain d'exercice de l'infanterie et qu'ils ont fait tirer quelques balles, dans l'obscurité, sur quelques retardataires de la cavalerie. , qui lançait d'ailleurs des balles, a failli tuer un officier, le lieutenant Galloway, de mon régiment, qui s'était réfugié dans une remise dans la ligne de feu ; mais le général Hewett, au lieu de détacher déjà alors les carabiniers et une batterie d'artillerie à cheval à la poursuite des mutins volants, suivit le mauvais conseil de son brigadier de retirer toute la force vers les lignes européennes.

Aucune erreur plus grave, à quelque point de vue que ce soit, n'a jamais été commise.

Il ne fait aucun doute que l'offre du capitaine Rosser, du 6e Dragoon Guards, de prendre un escadron et quelques canons à la poursuite, fut réellement faite et refusée ; car c'était bien connu et on en parlait beaucoup à l'époque. Il est vrai que l'annonce de cette offre n'est jamais parvenue au colonel commandant le régiment ; mais il est également certain que quelqu'un a commis une erreur en ne prenant pas de mesures immédiates pour le porter à la connaissance du colonel Custance. Le châtiment rapide que même un si petit corps aurait pu infliger aurait été d'une très grande valeur comme leçon à la fois pour les rebelles et pour ceux d'entre nous qui ont le cœur timide ; mais l'occasion a été volontairement gâchée ; et la magnifique brigade des troupes britanniques de toutes armes, qui se couvrit ensuite de gloire à l' Hindun Nuddee , à Delhi, à Lucknow, et partout où ses membres rencontrèrent l'ennemi, fut ramené à Meerut et condamné pendant un certain temps au *rôle humiliant* de l'inaction passive.

Aussi difficile à comprendre et impossible à excuser les motifs qui ont paralysé les nerfs du général Hewett, on ne peut qu'espérer que tous nos officiers ont pris à cœur la leçon si souvent apprise à la grande école de la mutinerie des Cipayes, selon laquelle, en face à un ennemi oriental, *l'audace ! et toujours l'audace* n'est pas seulement la voie la plus militaire, mais la plus sûre vers le succès. "Frappez vite et frappez fort" devrait être leur devise. À maintes reprises, de petits groupes d'Anglais, dans les circonstances les plus désespérées et contre les obstacles les plus effrayants, en agissant selon cette maxime, « ont arraché la fleur en toute sécurité du danger de l'ortie ». Lorsque le jour viendra, et il viendra, où nous, Anglais, devrons à nouveau lutter pour la préservation de notre empire indien, l'issue ne sera que douteuse si des conseils timides et irrésolus nous empêchent de déployer toutes nos forces au combat. premiers symptômes graves de désaffection interne ou de menace externe.

jours suivants, la garnison de Meerut resta inerte. Loin d'entreprendre des reconnaissances lointaines et de faire des efforts actifs pour ramener le calme dans les quartiers environnants, aucun châtiment ne fut même infligé à la ville ni aux bazars, qui avaient déversé dans la nuit du 10 leurs nuées d'assassins et de voleurs. Quelques maraudeurs individuels furent, il est vrai, arrêtés et pendus ; mais là les mesures de rétribution cessèrent. Les maisons indigènes, étouffées par le pillage, n'étaient pas fouillées, et leurs occupants étaient autorisés à se pavaner en toute tranquillité à la vue de tous les hommes et à se vanter entre eux de la honte et des ravages qu'ils avaient causés au « Feringhi ».

Nos femmes, nos enfants et nos réfugiés civils non armés ont été hébergés dans le « Dumdama », une enceinte fortifiée souvent décrite. Les généraux, leurs états-majors et de nombreux autres officiers se réfugièrent dans une caserne, au-dessus de laquelle une garde était dûment montée. Les piquets , à l'intérieur et à l'extérieur, furent réprimandés ; et toutes les précautions furent prises pour éviter que les cantonnements ne soient bousculés par les « budmashes » du « Burra Bazar » ou les Goojars des villages voisins !

Comme l'élément comique n'est jamais absent des événements les plus tragiques, je peux interpoler ici une petite histoire *concernant* le colonel Blank. Ce vaillant officier se réjouissait d'une longue et rare moustache qui, jusqu'au moment de la mutinerie, avait conservé le noir brillant de la jeunesse. Quelques jours après, un officier qui me rencontra me demanda si j'avais remarqué l'effet terrible que les derniers événements avaient visiblement produit sur le colonel. "Pauvre gars!" dit-il, ses cheveux sont devenus parfaitement blancs ! Mon rire irrévérencieux l'a étonné et choqué. Il ne savait pas que le blanchiment de la moustache du vieux monsieur était dû au fait qu'il n'avait pas eu le temps ou la présence d'esprit d'emporter avec lui dans sa fuite précipitée devant les mutins sa fidèle bouteille de teinture pour les cheveux.

Quelques nuits seulement après que les généraux et autres officiers eurent pris leurs quartiers dans la caserne déjà mentionnée, ils furent victimes d'une frayeur qui, si elle ne leur blanchissait pas les cheveux, aurait facilement pu s'avérer très grave pour sa cause innocente. C'est comme ça que ça s'est passé. Il faut supposer qu'une rangée de lits bordaient chaque mur de la longue caserne, chaque lit contenant un général, un état-major ou au moins un officier supérieur, chacun reposant sa tête sur un oreiller sous lequel reposait un revolver, tandis que son épée reposait sur une chaise à côté de lui ou était accrochée au mur. Dehors se trouvait une garde de soldats britanniques, et dans les environs immédiats il y en avait environ quinze ou seize cents autres. Un dortoir aussi sûr et bien gardé qu'il est possible de concevoir, et dans lequel la créature la plus timide et la plus nerveuse pourrait se confier placidement aux bras de Morphée. Ce n'est pas le cas, pensa l'un de ses occupants guerriers. N'y avait-il pas trois punkah-coolies hindous dans la véranda, et leur vie n'était-elle pas à la merci de ces mécréants ? Il fallait au moins rester sur ses gardes et, en surveillant le coolie qui travaillait dur sur la corde punkah à une extrémité de la pièce, sauvegarder la vie de tous les dormeurs insouciants. Il devrait être celui-là ! Alors, ronflant ostensiblement et feignant d'être plongé dans le sommeil, il se consacra à sa tâche. Quelques heures se passèrent sans incident ; mais enfin sa vigilance fut justifiée et récompensée. Le voyou à la corde qui, même s'il restait une chance que l'une de ses victimes proposées soit encore éveillée, avait tiré avec une cadence constante les lourdes punkahs, commençait maintenant à simuler le sommeil et, par intervalles, à cesser de tirer. De toute évidence, c'était une ruse profonde et astucieuse pour découvrir si la cessation de la brise qui souffle pouvait, par hasard, réveiller l'un des dormeurs ; mais aucun d'eux ne bougea. Le moment d'agir était clairement arrivé. Alors le coolie assoiffé de sang toussa une ou deux fois une toux étouffée pour signaler à ses deux complices dans la véranda ; mais comme aucune réponse ne lui arrivait, il se prépara à aller les avertir personnellement. Mais, par mesure de précaution, il déposa sans bruit la corde et, s'approchant des dormeurs les plus proches, se pencha sur eux pour s'assurer qu'ils étaient bien inconscients. Alors qu'il répétait cette performance sur notre ami vigilant, dont les cheveux se dressaient maintenant sur la tête d'horreur, il se retrouva soudainement serré dans l'étreinte d'une paire de bras nerveux par la force de la peur panique, tandis que de grands cris de « J'ai lui ! Je l'ai!" résonnait dans la pièce. À bout de souffle, l'audacieux ravisseur raconta son histoire passionnante et exigea que les trois méchants soient conduits à une exécution immédiate. Il rit en méprisant l'histoire plausible de son captif, selon laquelle il avait été laissé à la corde de punkah plus longtemps que son tour légitime, qu'il avait toussé pour attirer l'attention de son " budlee " ou coolie de relève, qu'à ce signal sans succès, il s'était alors résolu à aller le chercher ; mais *dur ki maree* , « la peur d'être battu », l'avait poussé à s'assurer, avant de le faire, qu'aucun des « sahibs » n'était susceptible de se relever, et, *plus anglo-indico* , de le châtier. Heureusement pour le misérable coolie, son explication fut acceptée, non sans beaucoup de rires, et il échappa à la potence ; mais rien n'a jamais pu convaincre son vaillant ravisseur qu'il n'avait pas, par son courage et sa présence d'esprit, évité un terrible massacre.

Il est vraiment difficile d'exagérer la démoralisation qui, à cette époque, semblait vaincre les nerfs de certains des plus faibles d'entre nous. Chaque indigène était, dans leur imagination excitée, un « Pandy ». Mon fidèle porteur, Sheodeen , a dû, à la tournure soignée de son turban et à la manière martiale avec laquelle il retroussait habituellement ses moustaches, un entretien très serré avec le bourreau. Il fut, pendant mon absence, arrêté, et aurait sans doute été mis à l'écart si un officier qui le connaissait ne m'avait pas fait venir en toute hâte. Mon conseil sincère, après cette sinistre expérience, était de rouler son « puggrie » quand même, d'enlever la boucle de ses moustaches, de laisser tomber sa démarche désinvolte et fanfaronne et, d'une manière générale, d'avoir l'air aussi méchant et sale que possible.

Dans la nuit du 11 au 11, il m'est arrivé une aventure que j'avais un peu peur de raconter à l'époque, mais que je peux maintenant raconter. J'avais pris sur moi de faire une petite patrouille pour mon propre compte ; et comme je partais près de la porte principale du « Dumdama », je rencontrai un trompettiste eurasien nommé Murray, de mon propre régiment. Comme il était monté, je lui ai demandé de m'accompagner. C'est ce qu'il a fait. Nous n'étions pas allés bien loin avant d'apercevoir, indistinctement, dans le crépuscule, ce qui semblait être un petit groupe de rebelles, rampant prudemment vers un arbre poussant près du mur, qui leur donnait une bonne chance de réussir à l'escalader. "Veux-tu rester à mes côtés, Murray, et les accuser ?" J'ai chuchoté. "Je le ferai, monsieur", répondit-il: "Je serai à vos côtés jusqu'à la dernière goutte de mon sang." Alors, dégainant nos épées et avançant tranquillement sur quelques mètres, nous avons soudainement donné des éperons à nos chevaux et avons chargé – à la stupéfaction et à la démoralisation complète d'une vache tachetée, dont le corps nous a échappé de peu « au chagrin », et qui , dès qu'elle put reprendre ses esprits, s'élança dans l'obscurité. "Peu importe, Murray," dis-je. "Cela aurait pu être les Pandies , vous savez. Nous n'en dirons rien, encore un moment." Pauvre gars! il fut tué peu de jours après, en combattant courageusement, à l' Hindun Nudée .

Le soir du 15 mai, les sapeurs et mineurs indigènes de Roorkee ont marché sur Meerut. L'après-midi suivant, il arriva qu'un petit groupe des fidèles restes du 3e cavalerie légère, qui était sur le point de se rendre sous mon commandement au soutien des autorités civiles dans une gare voisine , fut défilé, monté, pour l'inspection du général, à proximité. à la caserne où il avait pris ses quartiers, lorsque j'entendis le bruit d'un seul coup de feu, rapidement suivi de deux ou trois autres, venant de la direction du camp des sapeurs ; et je vis bientôt qu'une scène de confusion et de tumulte s'y déroulait. Une rumeur me parvint — je ne m'en souviens plus — selon laquelle les sapeurs s'étaient mutinés, avaient tué Alfred Light, l'officier d'artillerie qui devint plus tard si distingué, et étaient sur le point de s'enfuir dans la jungle. Naturellement, je n'ai pas perdu de temps pour descendre de cheval et courir à la caserne pour informer le général Hewett, que j'ai trouvé en déshabillé, en chemise et en pyjama .

Pendant que je faisais mon rapport au général abasourdi, le brigadier Archdale Wilson s'est approché de nous, bouclant son ceinturon d'épée, et m'a ordonné de monter immédiatement et de suivre les sapeurs et de les garder en vue jusqu'à ce qu'il puisse trouver quelques-uns des sapeurs. les carabiniers et les fusils. A ce moment-là, les sapeurs, qui, je le crois fermement, n'avaient d'abord aucune intention de se mutiner, mais avaient été pris d'une soudaine panique par crainte infondée d'une attaque des troupes européennes, fuyaient en masse au-dessus de la plaine, certains en uniforme. , certains en vêtements indigènes, mais tous armés de leurs mousquets.

Le coup de feu que j'avais entendu avait été tiré, comme je l'ai appris par la suite, par un Afghan et avait tué le commandant, le major Fraser. L'action de ce seul homme compromettait tous ses camarades. Si loyalement qu'ils eussent pu être, ils devaient sentir que maintenant les apparences étaient si fatales contre eux qu'on ne pouvait espérer aucun quartier des troupes européennes enragées qui les entouraient ; et cette fuite instantanée offrait la seule faible chance d'échapper à la destruction.

Alors que mon petit groupe galopait après eux, je fus arrêté par un officier d'artillerie, visiblement plus haut gradé que moi, qui m'ordonna de m'arrêter et me demanda où j'allais. Je lui ai dit que le brigadier général m'avait ordonné de suivre les sapeurs qui s'étaient mutinés et avaient tué Alfred Light. "Ce n'est guère possible", dit-il, "vu que je suis Alfred Light. Ces sapeurs ne se mutinent pas du tout, mais vont avec permission détruire un village voisin de budmashes . Arrêtez-vous là où vous êtes. J'en prendrai la responsabilité. ". Tout surpris de tout cela, j'étais encore en train de lui faire des remontrances, lorsque le général de brigade arriva, furieux contre moi de m'être arrêté, et m'ordonna de repartir. J'étais heureux de laisser Alfred Light régler avec lui la question de mon retard, et je me lançai à sa poursuite. Bientôt nous rattrapâmes une cinquantaine d'hommes qui se réfugièrent dans un bosquet d'arbres entouré d'un mur ; et là je les ai gardés jusqu'à l'arrivée du général de brigade avec un escadron de carabiniers et quelques canons. Quelques balles furent tirées dans le bosquet, mais sans grand effet, puis les carabiniers descendus de cheval et un certain nombre d'officiers y tirèrent une escarmouche et poursuivirent les sapeurs d'arbre en arbre. Les pauvres gens se battaient avec l'énergie du désespoir. Aucun quartier ne fut fait, et tous furent détruits, sauf deux qui furent faits prisonniers par moi, et qui, je crois, furent ensuite retenus dans le service et se montrèrent parfaitement fidèles.

A la fin de cette affaire , j'ai remarqué un homme qui s'était retiré à travers le bosquet et s'était réfugié derrière un muret de l'autre côté, d'où il s'est trahi en nous tirant dessus.

Tandis que je contournais l'extérieur de l'enceinte par sa gauche et que je m'alignais avec lui, un cavalier des carabiniers apparut à l'extrémité opposée du mur, et nous tombâmes tous deux sur lui au grand galop. Le Sapeur sauta sur ses pieds et fixa sa baïonnette. Nous l'avons atteint presque au même moment. Alors que le soldat levait son épée pour lui asséner un coup, le sapeur l'a chargé avec sa baïonnette et l'a transpercé à travers la poitrine, avec un son déchirant et écoeurant qui hante encore mes oreilles, tandis que mon bras d'épée tendu manquait d'un pouce pour atteindre et soulever le baïonnette. Avant qu'il puisse retirer la baïonnette, je lui avais transpercé le corps. Le bras levé du carabinier tomba, l'épée lui échappa, il chancela un instant sur sa selle, puis tomba mort à terre.

Un correspondant écrivit au *Pioneer* : « Le carabinier qui fut tué juste à l'extérieur de Meerut dans l'affaire des sapeurs était un soldat, nommé Frederick Kingsford, qui montait un cheval non dressé, qui devint instable au moment de charger le rebelle. homme tué au combat lors de la mutinerie, bien que de nombreux Européens soient tombés avant ce jour.

Il était tard dans la soirée lorsque nous retournâmes aux cantonnements. La destination de mon petit groupe, qui devait partir le lendemain matin dans le quartier, fut modifiée de manière inattendue.

Un message avait été reçu par le général Hewett d'un groupe de fugitifs de Delhi, qui erraient dans les jungles voisines de cet endroit, et qui imploraient que de l'aide leur soit envoyée. Quand j'ai appris cela, j'ai senti que les femmes et les enfants ne pouvaient pas être abandonnés à leur sort parmi les rebelles sans qu'au moins un effort soit fait pour les sauver ; je me rendis donc chez le général Hewett et lui proposai de tenter le sauvetage avec vingt-cinq hommes du reste de mon régiment. Il m'a demandé si j'étais sérieux et m'a dit que les fugitifs n'étaient pas loin de Delhi et qu'il avait jugé inutile d'envoyer un groupe de secours . La lettre, écrite en langue française, avait été jetée sous une table, d'où je la vis ramassée. Le général m'a alors donné la permission et, dans la matinée du 17, mon groupe a commencé. En sortant de Meerut, nous avons rencontré le lieutenant Hugh Gough de notre régiment (maintenant Sir H. Gough, *VC* , *KCB* , commandant la division Lahore). Il me dit qu'il venait d'apprendre que je m'étais porté volontaire pour ce service et qu'il ne pouvait pas me laisser partir seul. Il revint donc au galop pour récupérer ses armes, et ainsi, de cette manière la plus vaillante et la plus dévouée, il m'accompagna pour une course dont nous étions tous les deux presque sûrs qu'elle serait la dernière. Nous avons roulé toute la journée, attendant à chaque instant que nos hommes se retournent contre nous et se précipitent vers Delhi. La tentation a dû être très douloureuse pour eux ; car ils avaient été témoins de l'extrême démoralisation que la mutinerie avait provoquée à Meerut ; mais providentiellement, ils restèrent fidèles. Une seule fois, nous avons rencontré une manifestation d'opposition dans un grand village, mais fort heureusement nous avons pensé qu'il était probable que les habitants étaient alarmés par nos uniformes gris français et nous ont pris pour un groupe de mutins à l'affût. Alors Gough et moi avons arrêté les hommes et sommes partis seuls. La vue de nos visages blancs rassurait les villageois et nos explications les calmaient.

Tard dans la soirée, nous arrivâmes au village de Hirchinpore , où nous avions appris par les gens des champs que les fugitifs se trouvaient. Une fois de plus, nos uniformes gris clair provoquèrent inquiétude et confusion. La porte d'une enceinte fortifiée nous était fermée au nez, et c'était avec beaucoup de difficulté que nous faisions croire à ceux qui étaient à l'intérieur que nous étions amis. Finalement, après avoir promis de laisser les hommes dehors, Gough et moi fûmes admis ; et nous y sommes entrés, non sans soupçonner que nous aurions pu nous-mêmes tomber dans un piège. Nous avons trouvé un vieux monsieur très brun appelé Cohen, le zemindar du village, un juif orientalisé je pense, assis dans l'embrasure de la porte avec un fusil à la main, visiblement déterminé à vendre chèrement sa vie en cas de trahison. Les fugitifs que nous recherchions s'étaient enfermés, désespérés, dans diverses cachettes, et lorsqu'ils parurent, ils offraient un spectacle pitoyable par les effets des épreuves qu'ils avaient subies. Toute la nuit, nous avons dû rester là pendant que les gens de Cohen rassemblaient des charrettes pour transporter les femmes et les enfants. Si l'un de nos hommes ou l'un des villageois s'était enfui et avait apporté à Delhi la nouvelle de ce qui pourrait être fait à Hirchinpore , deux ou trois heures auraient scellé notre sort. Mais une fois de plus, la Providence s'est liée d'amitié avec nous, et tôt le lendemain matin, notre petite caravane est partie pour Meerut, où nous sommes arrivés sains et saufs cette nuit-là, et j'ai eu la joie de revoir ma sœur, dont je ne pouvais pas supporter de prendre congé en partant, et qui ignorait mon départ jusqu'à ce que j'ai parcouru des kilomètres sur mon chemin. Voici les noms des dames et messieurs qui composaient le groupe des fugitifs :

1. Colonel Knyvett ,   38e Régiment, NI

2. Lieutenant Salkeld,   Ingénieurs du Bengale.

(Mort des blessures reçues lors de l'assaut
de Delhi).

3. Lieutenant Wilson,   Artillerie du Bengale.

4. " Montague M. Proctor,   38e NI

5. " H. Gambier,   38e NI

(Mort des blessures reçues lors de l'assaut
de Delhi).

6. Capitaine G. Forrest, *VC*

(Décédé des suites de blessures reçues
dans le

défense du Delhi Magazine le 11 mai
1857).

7. Lieutenant Vibart ,   54e NI

8. Mme Forrest.

9. Mme Fraser,   veuve du major Fraser,

                                         qui avait été tué à

                                         Meerut par les sapeurs
mutins.

dix. Mlle Forrest.

11.   "Annie Forrest.

12.   "Eliza Forrest.

13. M. Marshall   (marchand).

14 et Deux femmes européennes dont je ne
15. connais pas les noms.

J'étais très heureux de rendre cette puissance avec la perspective d'un bon repos, mais je n'avais pas dormi très longtemps avant le regretté major Sanford, alors lieutenant dans mon ancien régiment, et l'un des gentlemen les plus vaillants qui aient jamais attaché leur ceinture. un ceinturon d'épée, est venu me réveiller et m'a dit qu'il s'était porté volontaire pour porter les dépêches du général Hewett au commandant en chef à Umballa. *via* Kurnal , et qu'il voulait que je l'escorte avec mon petit groupe de fidèles. Bien sûr , j'ai accepté et je suis parti vers nos lignes, où les hommes déjà fatigués ont consenti volontiers à entreprendre un nouveau voyage encore plus fatigant et peut-être plus dangereux. Leurs chevaux étaient cependant tout à fait en cloque, aussi demandai-je et obtins-je la permission de choisir pour eux vingt-cinq des remontées en partie cassées des carabiniers.

Tôt le matin, nous avons défilé dans le plus léger ordre de marche, les jeunes chevaux étant vigoureusement mécontents d'être pressés si sans ménagement dans les rangs avant de passer par l'école d'équitation. Pendant les premiers kilomètres, il n'y avait pas beaucoup d'ordre dans notre petite colonne. Les soldats à moitié brisés, cabrés, sautant et plongeant, faisaient à peu près leur propre chemin ; mais avant la nuit, ils étaient assez silencieux. Nous marchâmes toute la journée, toute la nuit et toute la journée du lendemain, nous arrêtant environ une heure à la fois, lorsqu'un puits au bord du chemin nous permettait d'abreuver les chevaux. Nous réquisitionnâmes pour eux des aliments en grains et des chuppatis pour nous-mêmes au fur et à mesure, en leur donnant dûment des reçus. *En route,* nous fîmes un long détour hors de la route vers un quartier où nous avions reçu l'ordre d'aller chercher des chameaux avec bagages, que nous devions saisir si nous les avions trouvés ; mais ils étaient partis. Le deuxième jour, nous rencontrâmes feu le vaillant major (alors lieutenant) Hodson qui, escorté par un groupe du Jhind Horse, avait commencé sa chevauchée vers Meerut avec des dépêches du général Anson au général Hewett, et qui devait revenir avec des dépêches de ce dernier au quartier général de l'armée. Cette rencontre était si inattendue qu'au début chaque parti prit l'autre pour des « moofsids », comme on avait l'habitude alors de désigner les rebelles ; mais nous avons vite découvert notre erreur. Hodson était naturellement très soulagé de constater que la route devant lui était ouverte, bien que sans doute déçu que sa course ait été anticipée. Le lecteur, qui a lu le célèbre voyage de Hodson à Meerut, et qui n'a pas encore entendu dire que d'autres l'avaient prévu, sera probablement surpris par cette narration, mais elle est néanmoins tout simplement vraie. Le mérite d'avoir transporté les premières dépêches de Meerut à Umballa revient au regretté major Sanford, qui, pour moi et pour tous ceux qui l'ont connu, était un type de tout ce qu'il y a de plus noble, de plus courageux et de plus modeste ; mais hélas! sa mémoire est enfouie dans nos cœurs. Le monde a peu entendu parler de lui.

Le soir, nous arrivâmes à Kurnal , après avoir parcouru en moins de trente-six heures plus de quatre-vingt-dix milles : car la route droite entre Meerut et Kurnal fait soixante-seize milles, et notre détour infructueux après les chameaux nous prit bien plus de milles. Sanford se rendit aussitôt par dâk à Umballa et remit ses dépêches au général Anson. Il finit par prendre le commandement de la cavalerie du corps des guides devant Delhi et le conserva jusqu'à la fin du siège.

Mon petit groupe n'a pas ensuite été renvoyé à Meerut, mais s'est dirigé vers Delhi avec le corps de troupes avancé, se rendant utile dans la collecte de fournitures et dans les reconnaissances. Sur la route, nous avons réussi à capturer plusieurs mécréants qui avaient commis des attentats meurtriers contre nos malheureux compatriotes et femmes alors qu'ils tentaient de s'échapper de Delhi. Ils ont bénéficié d'un procès équitable ; et ceux qui furent reconnus coupables furent dûment pendus. L'un de ces misérables, qui avait été jugé et condamné un après-midi, fut ensuite enfermé jusqu'au coucher du soleil, heure habituelle des exécutions, dans la tente de garde du 1st Bengal Fusiliers, qui se trouvait à cette occasion contenir un autre locataire, un soldat irlandais qui avait été boire, « pas sagement mais trop bien ». Lorsque le groupe du grand prévôt est venu le soir chercher le criminel condamné , ils l'ont trouvé dans un triste sort. L'Irlandais à moitié sobre a supplié qu'ils ne l'emmènent pas. « Bedad, dit-il, il a été le compagnon le plus divertissant que j'aie jamais eu. La « division » avait peut-être été un peu unilatérale.

Un soir, peu avant que la force n'atteigne Alipore, on m'a soudainement ordonné de ramener mon groupe à Meerut *via* Bagput , car le général s'attendait à un engagement et ne savait visiblement pas si on pouvait faire confiance à mes hommes dans des circonstances aussi difficiles qu'un combat réel contre leurs anciens camarades. Auparavant, le pauvre général Anson était mort, épuisé d'anxiété et de fatigue, et le général Barnard commandait. Accompagné de l'adjudant général, le colonel Chester, et de son interprète, le capitaine Howell, il inspecta mon petit groupe en parade, et après avoir loué sa conduite dans les termes les plus élevés, nous informa qu'il donnerait à chaque membre indigène un pas de plus. rang substantiel pour chacune des deux expéditions auxquelles ils avaient participé. Il leur dit alors que dans peu de temps il espérait engager les rebelles et que, bien qu'il n'ait aucun doute sur leur loyauté, il n'était pas disposé à les engager dans une action contre des hommes qui avaient été jusqu'à récemment leurs camarades, de leur propre race. et les religions, et que c'est pourquoi il avait décidé de les renvoyer à Meerut. Tous imploraient de pouvoir rester et de prouver leur loyauté sur le terrain ; mais le général ne devait pas se détourner de sa décision. Il était évidemment très ému, et pendant un moment j'espérai qu'il hésitait ; mais bientôt il se détourna ; et avec une profonde déception, j'ai senti qu'il n'y avait rien d'autre à faire que de tourner la tête de nos chevaux vers l'est et de nous diriger vers le ferry à Bagput . Avant que le général Barnard puisse tenir sa promesse, il fut victime du choléra. Le colonel Chester a été tué au combat, et le capitaine Howell est également mort – je pense de ce fléau du camp – le choléra. C'est ainsi *qu'il* incombait à mes épaules de garantir à mes hommes l'accomplissement de la promesse du général, tâche dans laquelle, après beaucoup d'ennuis et de retards, j'ai finalement réussi avec bonheur.

Pour décoller du sol et quitter le camp, aucune préparation n'était nécessaire, car nous n'avions aucun équipement de camp d'aucune sorte. Il faut se rappeler que tout cela s'est passé au milieu des fortes chaleurs, avant les pluies ; de sorte qu'il n'était pas difficile de dormir en plein air, à même le sol, à côté de nos chevaux, qui n'avaient pas non plus besoin de couvertures. À part nos chevaux, leurs selles, leurs brides, nos bras et les vêtements que nous portons sur le dos, nous ne possédions littéralement rien au monde.

Nous ne tardâmes donc pas à mettre une bonne distance entre nous et nos défunts camarades. Lorsque l'aube se leva, nous nous trouvâmes débouchant d'un bosquet d'arbres sur une plaine, de l'autre côté de laquelle se trouvaient la rivière et le pont de bateaux avec le village de Bagput sur la rive opposée ; mais, à notre grande horreur, le pont était occupé par un corps important de troupes apparemment rebelles, que notre apparition provoqua une soudaine agitation. Nous pouvions voir l'infanterie tomber rapidement, les soldats monter en toute hâte, et les chameaux et les éléphants se précipiter vers le pont, fuyant notre assaut attendu. Il n'y avait guère de temps pour décider d'un plan d'action. Avec nos chevaux fatigués, échapper à un corps de cavalerie aussi puissant était sans espoir. Il ne restait plus qu'à charger le pont et à compter sur la chance et la rapidité de notre attaque pour déconcerter l'ennemi et permettre à quelques-uns au moins d'entre nous de passer avec des peaux entières. C'était l'époque du forage par « trois » ; mais comme je jugeais qu'il y aurait de la place pour quatre hommes de front sur le pont, je formai le plus vite possible mon groupe en ce qu'on appellerait maintenant une colonne de sections de quatre, et je descendis la pente vers la plaine au galop. , augmentant notre allure à mesure que nous approchions du pont. À ma grande joie et à ma grande surprise, l'ennemi semblait complètement démoralisé et confus, et je commençais à être sûr de réussir à me précipiter à travers eux, lorsque je fus surpris par l'apparition d'un visage blanc qui me regardait derrière une masse de pierres, et le cri d'une voix anglaise qui me crie de m'arrêter. Jamais l'homme ne fut plus soulagé et plus heureux de se sortir d'une terrible situation. En une seconde, j'avais arrêté mon groupe et traversé le pont et je parlais à ———, un officier qui m'informa qu'il avait été envoyé avec un corps puissant des troupes du Raja de Jhind pour occuper le pont et le tenir jusqu'à plus tard. ordres; mais il a dit qu'il ne resterait plus. L'endroit était beaucoup trop près de Delhi et trop sujet à des attaques soudaines pour lui plaire, et la frayeur qu'il avait éprouvée à la suite de l'apparition soudaine de mon petit groupe avait mis la touche finale à sa résolution. Il a déclaré que nos uniformes gris français et la rapidité de notre attaque l'avaient convaincu que nous étions l'avant-garde d'un grand corps ennemi, et qu'il s'était donné pour perdu. En tout cas, il en avait assez de Bagput et comptait partir immédiatement. En vain je le suppliai de remettre son départ au soir, lui faisant remarquer que mes chevaux étaient tout à fait fatigués et que nous serions obligés de nous arrêter là quelques heures pour nous reposer et nous nourrir. Rien ne voulait l'ébranler, et sur-le-champ il s'en alla, sac et bagages, et nous laissa à nous-mêmes. Nous pouvions clairement entendre les canons d'un combat, qui devait être celui de l' Hindun. Nudée ; et, fatigués comme nous l'étions, le repos était impossible. Dans l'après-midi, nous avons continué notre route et, le lendemain matin, nous sommes entrés dans Meerut sans autre mésaventure.

III.
AVANT DELHI.

Au cours des semaines suivantes, le temps s'est passé assez tranquillement pour moi. La plus grande partie de la garnison de Meerut était allée renforcer les forces assiégeantes à Delhi ; et avait, sous les ordres du brigadier-général Archdale Wilson, lors des batailles acharnées de l' Hindun Nuddee , effaça glorieusement le reproche d'inaction molle qui lui avait été imposé par le général Hewett le 10 mai. Nous, qui étions restés oisifs à Meerut, avons passé la plupart de notre temps à remuer ciel et terre pour être transférés dans l'armée à Delhi. Enfin , le jour des lettres rouges est arrivé pour moi. Mon ami et camarade, le capitaine Sanford, avait été nommé pour officier au commandement de la cavalerie du corps des guides, et il ne perdit pas de temps pour m'écrire et me promettre que si je pouvais me rendre à Delhi, il parviendrait à m'avoir. attaché au régiment. A ce moment-là, j'étais alité avec une pointe de fièvre, due probablement à une exposition antérieure ; mais je ne tardai pas à me présenter à l'officier d'état-major de la garnison et à lui montrer la lettre de Sanford, en me gardant bien de lui rappeler que j'étais sur la liste des malades, circonstance qu'il ignorait heureusement. Cet après-midi-là, j'ai joyeusement pris congé du Docteur en France et j'ai repris, en compagnie d'une demi-douzaine d'autres officiers, également à destination de la force de Delhi, le long de la piste bien connue jusqu'à Bagput . Nous avons marché la nuit, pensant que nous aurions alors, plus de chances que le jour, d'échapper à toute rencontre avec des bandes de rebelles ou de Goojars qui rôdaient . Le district compris entre Meerut et Bagput était infesté par ces derniers, une tribu de criminels héréditaires dont le principal amusement, en temps de paix, semble consister à commettre des infractions au Code pénal, tandis qu'ils profitent invariablement des périodes de troubles pour s'adonner au maximum à leurs intérêts enracinés. propensions prédatrices. Aussi petit que soit notre groupe, nous avons donc pris soin de prendre toutes les précautions pratiques. Comme je connaissais la route, j'étais envoyé en avant comme éclaireur, tandis que sur chaque flanc se trouvait un autre officier, le corps principal de trois ou quatre hommes en détachant un de plus à l'arrière. Dans cet ordre nous avons roulé toute la nuit, heureusement sans aventure ; et dans l'aube grise nous atteignîmes Bagput .

Le pont de bateaux avait été enlevé et nous avons traversé la rivière sur un grand ferry à fond plat. Ici, nous avons eu le malheur de perdre un de nos chevaux, appartenant au capitaine Craigie de mon régiment. Son propriétaire avait négligé de desserrer la martingale debout, un peu serrée, dont il se servait toujours ; et cela gênait l'animal lorsqu'il essayait de sauter dans le bateau, et le faisait tomber dans les eaux profondes qui le séparaient de la berge. Même maintenant, tout aurait été bien sans cette malheureuse martingale debout qui empêchait complètement le cheval en difficulté de nager et qui maintenait désespérément son nez sous l'eau jusqu'à ce qu'il se noie, sans qu'aucune aide ne puisse lui être apportée. En quelques instants, le pauvre cheval coula, emportant avec lui la selle et la bride de Craigie ainsi qu'un revolver qui se trouvait dans l'un des étuis. Les efforts que firent quelques plongeurs indigènes pour récupérer la selle, etc., furent vains ; et nous avons dû abandonner l' effort , emprunter un bourrin « country » pour Craigie et traverser la rivière. Lorsque nous atteignîmes la rive opposée, nous entendîmes des cris du côté de Bagput et vîmes des hommes brandissant la selle et le revolver qu'ils avaient réussi à pêcher. Ce fut cependant la dernière fois que Craigie vit sa propriété. Alors que nous traversions l'étendue de sable sur l'autre rive , nous échappâmes de peu à une autre victime ; car l'un des membres de notre groupe tomba dans des sables mouvants, et pendant quelques instants, le cheval et l'homme risquèrent sérieusement d'être engloutis. Finalement, nous avons tous pu repartir en toute sécurité et avons continué la seconde moitié de notre voyage.

Jamais je n'oublierai le moment où, depuis un point élevé, les murs menaçants de Delhi et les tentes blanches des forces assiégeantes ont surgi.

L'immense ville couvrait une si vaste étendue de terrain — si chétif et minuscule en comparaison était le campement niché sous la fameuse « Crête ! Vraiment un spectacle qui remplit le cœur d'une fierté exultante ; car nous savions que les hommes dans cette tente étaient sûrs, un jour avant la fin de plusieurs semaines, de prendre d'assaut les formidables murs de la grande forteresse et de porter en triomphe le drapeau britannique dans sa citadelle la plus intérieure. Aucune ombre de doute quant au succès final de nos armes n'a jamais troublé aucun de nos esprits à cette époque. La croyance insolente dans l'irrésistibilité de la *fureur Britannicus* n'avait alors rencontré aucun des rudes chocs qui l'ont quelque peu ébranlée dans les derniers jours, malgré une armée composée de soldats de courte durée et de chefs entraînés jusqu'à la perfection théorique par les professeurs du Collège des cadres.

Dès notre arrivée au camp, je me suis présenté à Sir Henry Norman, alors adjudant général adjoint de la Force et, je pense, ayant le grade de capitaine. En quelques heures, je fus mis aux ordres comme attaché à la cavalerie des Guides. La célèbre marche forcée de ce splendide corps dirigé par Daly de Hoti Murdan à Delhi appartient à l'histoire et ne pourra jamais être oubliée. Le tableau honorable de ses pertes en officiers et en hommes pendant le siège est enregistré sur une tablette sur le mur de la tour commémorative de la Crête.

Je ne propose pas d'imposer à la patience du lecteur l'histoire souvent racontée du siège. Cette tâche a été accomplie par des plumes bien plus compétentes que la mienne. Il me suffira d' essayer d'esquisser deux ou trois des épisodes mineurs auxquels j'ai assisté et qui m'ont paru pittoresques ou intéressants.

Comme on peut facilement le comprendre, une grande partie de notre temps dans la branche de cavalerie était consacrée au piquet ou au service d'avant-poste. L'un de ces avant-postes, à un endroit appelé, je crois, Azadpore , très loin, à l'extrême droite, à l'arrière de notre position, était particulièrement susceptible d'être attaqué, car il était à peu près « en l'air », et offrait un objet tentant pour une attaque. coup soudain d'un grand nombre d'ennemis. Un après-midi, alors que mon commandant, le capitaine Sanford et moi-même, n'étant pas en service, montions pour profiter d'une promenade tranquille, nous avons pris conscience d'une grande agitation dans la direction d'Azadpore . Des nuages de poussière tourbillonnant rapidement dans l'air ! Chameaux et poneys aulacodes s'envolent endiablés vers le camp ! De toute évidence, quelque chose ne va pas ! "Galopez vers les lignes. Sonnez la botte, la selle et la monture", tel était l'ordre que m'a donné le capitaine Sanford, tandis qu'il s'élançait dans les nuages de poussière pour effectuer une reconnaissance . Instantanément, le calme de notre camp se transforma en une scène de l'agitation la plus animée. Des chevaux étant sellés, des hommes sortant de leurs tentes, bouclant leurs ceintures, sautant sur leurs chevaux et « tombant dedans » — tout cela dans une hâte frénétique — lorsque Sanford revint et me cria : « Amenez autant d'hommes qu'il y en a à cheval. Qu'à cela ne tienne, le piquet d'Azadpore est en train d'être enfoncé. » À ce moment-là, il n'y avait pas plus de 20 ou 25 hommes en selle, et nous sommes partis à la poursuite de Sanford de toutes nos forces, laissant le reste du régiment suivre dès qu'il pouvait être réuni. À travers les animaux volants et les compagnons du camp, dont beaucoup étaient blessés, nous galopions, tendant les yeux au loin ; et bientôt nous vîmes le piquet, entouré des nuages du cheval rebelle, repoussé lentement, combattant obstinément et disputant chaque pouce de terrain. Tandis que nous arrivions en vue, l'ennemi se dégagea plus ou moins du piquet et tenta de se mettre en formation pour faire face à notre attaque. Il devait y en avoir plusieurs centaines. Tout le terrain devant eux semblait encombré d'eux ; et je dois avouer que mon cœur se serra lorsque le vaillant Sanford, au lieu d'attendre les renforts qui devaient être proches derrière nous, augmenta simplement le pas et avait évidemment l'intention de jeter notre petit groupe directement dans la masse écrasante devant nous. "Cette fois, tout est fini avec vous", me disais-je, mais "il le faut" quand... c'est le commandant qui mène ! J'ai donc serré les dents et j'ai décidé de tirer le meilleur parti d'un mauvais travail. Puis-je en croire mes yeux ? Le corps dense qui avait commencé à avancer contre nous ralentit, s'arrêta, vacilla et finalement se dispersa ! Avec un rugissement, nous les chargâmes.

Notre allure était si grande qu'il leur était impossible de mettre la vapeur à temps pour échapper à notre assaut. Le piquet se joignit à nous, nos propres renforts nous rattrapèrent, et alors on vit dans cette plaine le plus joli jeu d'épée qui ait jamais réjoui le cœur d'un cavalier. Aucune tentative de maintenir l'ordre n'était possible. Tandis que les « Pandies » se dispersaient, nous aussi, chacun choisissant sa victime. Le massacre de l'ennemi fut considérable, les pertes de notre côté extrêmement insignifiantes. Au fur et à mesure que la poursuite se poursuivait , nous nous rendîmes compte que les masses des mutins volants s'épaississaient devant nous et se concentraient progressivement vers un point. De toute évidence, une obstruction les a empêchés de s'échapper sur les flancs. Enfin , un immense coin vivant d'hommes et de chevaux frénétiques, luttant, affolés, se rassembla, encerclé entre un canal profond et un aqueduc en maçonnerie qui le traversait à angle droit. Il était impossible de pénétrer dans cette masse solide, mais la frange extérieure en était fauchée par les *tulwars* de nos hommes. Aucun quartier n'a jamais été donné ou pris avant Delhi. Si les mutins avaient été aussi cruels que les bêtes sauvages les plus sauvages, la vengeance que nos troupes affolées leur infligeaient à maintes reprises était effrayante.

Là où l'aqueduc traversait le canal, il avait été partiellement détruit, et sur les masses de maçonnerie tombées, il était tout juste possible à un cavalier à la fois de se frayer un chemin ; mais là où l'un d'entre eux s'échappait, beaucoup étaient renversés et piétinés par la foule en lutte. Il avait été relativement facile à l'ennemi, désireux de surprendre le piquet d' Azadpore , de se faufiler en file indienne ; mais c'était une tout autre chose qu'une foule confuse et terrifiée se fraye un chemin. À ce moment-là, un grand massacre eut lieu et beaucoup, désespérés, se retournèrent et chargèrent leurs poursuivants, pour rencontrer une mort certaine et rapide. Un pauvre malheureux, s'extirpant de la foule, sauta à cheval sur un fragment détaché de l'aqueduc brisé dans la plaine, avant qu'il ne rejoigne le canal, et se tenait là, comme sur un piédestal de six ou huit pieds de haut, cherchant en vain un court répit de son destin inévitable. Presque simultanément, l'un de nos hommes a fait sauter son cheval à ses côtés, et sur cette plate-forme précaire, avec à peine un pied pour leurs chevaux, ces deux-là se sont engagés dans une lutte sauvage pour la vie. Comme des éclairs, leurs épées brillèrent alors qu'ils se coupaient sans aucune tentative de parure. En une seconde ou deux, notre homme reçut une effroyable entaille au bras, et cela lui aurait été dur si, à ce moment-là, un de ses camarades, armé d'une longue lance, n'avait pas chargé droit sur le groupe, et, comme il a tiré son cheval sur ses hanches à la base de la maçonnerie, a transpercé le Pandy à travers le corps. Au même instant, notre homme, fou de douleur et d'excitation, poussa son cheval contre son adversaire et le projeta hors du bloc de maçonnerie, les chevaux et les hommes roulant tous ensemble sur le sol en contrebas.

Les survivants des esprits aventureux qui avaient attaqué l'avant-poste revinrent à Delhi cette nuit-là, considérablement découragés.

Le piquet avait été fourni par l'un des régiments de cavalerie du Pendjab et était commandé par un gentilhomme d'habitude plutôt taciturne, dont on se souvient encore bien sous son surnom de « Poules ». Jamais je n'oublierai le spectacle pittoresque mais galant qu'il a offert, alors que, avec son fidèle verre à quiz fermement collé sur un œil, il faisait face à ses ennemis et l'entourait de son épée, sinistrement silencieux, tout en étant lentement repoussé par la *force majeure* de des chiffres écrasants. L'histoire raconte qu'il gagna son *petit nom* ainsi : — À une certaine occasion, sur la ligne de marche, il avait, pendant des jours et des semaines, chevauché solennellement et silencieusement parmi ses camarades. Pas un mot n'était jamais sorti de ses lèvres jusqu'à ce que, un matin mémorable, alors que son détachement entrait dans un village, notre ami, qui devait réfléchir sombrement au manque de provisions dans le garde-manger du camp, aperçut une famille de *moorgis.* occupé à gratter la poussière de la route devant lui. Ce spectacle bienvenu était trop pour lui. Ici et là, il éleva la voix et cria : « Poules ! et retomba aussitôt dans un mutisme absolu. Rarement, voire jamais, un discours aussi court n'a été accueilli par des applaudissements aussi nourris. Ses camarades ravis, maintenant que le charme était rompu, espéraient naturellement que l'éjaculation soudaine n'était qu'un préliminaire à un dénouement permanent de la langue jusqu'alors liée ; mais ils étaient voués à la déception. Depuis lors, plus un mot ne sortit de ces lèvres. Ni les volailles, ni les canards, ni les oies, ni les dindes, ni même les moutons ne parvenaient plus à exprimer la moindre marque d'appréciation orale – seuls les yeux à moitié endormis s'éclaireraient à la vue de la « trouvaille » bienvenue, et peut-être d'un signe de tête de l'autre. la tête y attirerait l'attention. C'est ainsi que le surnom de « Poules » fut conféré à l'unanimité à son possesseur.

Ce soir-là, alors que nous étions tous réunis pour dîner dans la tente du mess, un malheureux "Pandy" qui avait été trouvé caché sous un buisson par certains de nos hommes fut amené devant le commandant. Il n'y avait aucune possibilité de le confondre avec autre chose qu'un cipaye ; et il ne pouvait y avoir aucun doute sur son sort. Pourtant, je ne pouvais m'empêcher de penser que sa chance était très dure ; et sans doute mon visage trahissait mes sentiments ; car le malheureux, me jetant un regard suppliant, déclara qu'il n'était pas un cipaye, mais qu'il avait été mon domestique ; et il m'a imploré de témoigner de sa vérité et de lui sauver la vie. Que pouvais-je faire! Il était impossible de jurer un mensonge ; mais j'ai plaidé avec acharnement, mais je crains, sans succès, qu'il puisse être autorisé à s'échapper.

Au cours d'une des nombreuses rencontres avec l'ennemi qui maintinrent le camp devant Delhi animé, un officier servant dans l'infanterie du Corps des Guides fut blessé d'une manière suffisamment curieuse pour mériter d'être enregistrée. Pendant une pause des opérations, il se tenait adossé à un arbre lorsqu'une balle frappa le sol à proximité de lui et fit voler un fragment de pierre contre son front, auquel il infligea une légère blessure à la chair. Alors qu'il rejetait sa tête en arrière sous le choc soudain, elle entra en contact avec un éclat pointu d'une branche cassée qui dépassait de l'arbre. Instinctivement, il porta la main droite à son front. Il était couvert de sang. Puis il palpa l'arrière de sa tête avec sa main gauche. C'était aussi sanglant. "Mon Dieu!" Il s'est exclamé : "Je suis un homme mort ! Une balle dans la tête !" et il cherchait un endroit doux pour s'allonger et mourir, un événement dont il s'attendait à ce qu'il se produise dans une seconde ou deux. À sa grande surprise, après une bonne minute, il était toujours aussi vivant. Alors, encore une fois, il ressentit les deux blessures. Il n'y avait aucune erreur là-dessus. Ils saignaient tous les deux abondamment. Une fois de plus, il se recroquevilla ; mais comme la mort n'était pas venue, il commença bientôt à penser qu'il devait y avoir quelque chose d'étrange et d'anormal dans le trou qui lui traversait la tête, et on peut imaginer son soulagement lorsqu'un frère officier, après un examen précipité, expliqua les choses à lui. Je crains qu'il n'ait été assez désinvolte, en se levant d'un bond, pour se joindre au rire contre lui-même. Les guérisons merveilleuses de blessures apparemment mortelles n'étaient pas rares. J'ai moi-même vu un officier touché en pleine poitrine par une balle qui sortait dans son dos. J'ai sauté de mon cheval, je lui ai serré la main pour un dernier adieu, et j'ai continué (car cela s'est produit lors d'une poursuite), le laissant aux soins du chirurgien qui est arrivé à ce moment-là. Quelle ne fut pas ma surprise de constater, plusieurs heures après, lorsque nous revînmes au camp, que l'officier blessé non seulement n'était pas mort, mais qu'il ne risquait pas de mourir. La balle avait traversé une côte et contourné sa poitrine sous la peau, puis ressortie dans son dos. Un autre officier a eu la mâchoire brisée par une balle qui, apparemment, n'est sortie nulle part. Le simple fait était qu'il l'avait avalé, ainsi que certaines de ses dents.

Sur la crête s'élevait un bâtiment élevé, la tour de l'Observatoire, du sommet de laquelle, au début du siège, on surveillait les opérations de l'ennemi.

Ce fait, devenu connu, attira sur la tour une part tout à fait indésirable de l'attention des canons sur les murs de Delhi ; et les parties supérieures furent bientôt considérablement bouleversées par les tirs et les obus. Longtemps après le retrait de ce poste de guet, des obus occasionnels étaient encore "lâchés" sur la tour, ce qui rendait la situation plutôt chaude pour le petit groupe d'officiers en repos qui se trouvaient généralement là-haut profitant de la vue quand quelque chose de plus. il se passait quelque chose d'intéressant que d'habitude devant. Un jour, deux ou trois autres hommes et moi-même avions atteint le sommet, lorsque nous fûmes rejoints par un monsieur lié à une entreprise commerciale, à l'entreprise de laquelle le camp était redevable de ses approvisionnements en bière "tar bund". un luxe pour lequel nous étions heureux de payer seize roupies la douzaine), le brandy d'Exshaw et la sauce Harvey's, et de nombreuses variétés de provisions en conserve, en plus des pilules et des onguents de Holloway, et d'autres remèdes brevetés similaires. Alors que nous regardions tous les murs de la ville, un souffle de fumée blanche s'est dégagé d'un point que nous appelons "le trou dans le mur" où demeurait un mortier de gros calibre . En quelques secondes, le gros obus vomi a éclaté haut dans les airs, à un quart de mile de nous, mais dans un alignement très précis par rapport à notre position. « À terre », a crié l'un des nôtres, et nous tous, à l'exception de notre ami civil, nous sommes accroupis derrière une lourde masse de maçonnerie solide. Il resta cependant sur place, croisa les bras sur sa poitrine et nous observa un instant avec un air de surprise à moitié méprisante. "Pourquoi ces idiots ont-ils cherché refuge ?" pensa-t-il. "L'obus a éclaté de très loin. Le danger est désormais écarté. Les morceaux doivent tomber au sol." Très vite il fut détrompé. En hurlant et en sifflant, les fragments brisés de l'obus fonçaient en avant et s'écrasaient contre la tour, heureusement sans l'atteindre. Alors que nous nous levions, il s'est jeté à terre. Il a alors appris une leçon, qu'il n'a pas oublié de sitôt, j'ose dire, concernant l'impulsion des projectiles et l'opportunité générale de s'inspirer de personnes vraisemblablement susceptibles de savoir de quoi il s'agissait.

Pendant tout ce temps, le siège, si l'on peut le décrire ainsi , « traînait sa lente longueur » ; mais en réalité, nous n'avons pas investi la ville et nos forces n'ont pas été assiégées, comme on l'a si souvent affirmé, par les troupes rebelles. Les deux forces se faisaient face. Les deux étaient en contact le long d'un front relativement court. Tous deux étaient entièrement ouverts sur leurs arrières respectifs, avec des communications pratiquement sans menace dans ces directions. Aucun des deux ne pouvait empêcher les renforts ou les fournitures d'atteindre l'autre. De notre côté, nous ne pouvions même pas tenter d'intercepter les divers contingents de mutins qui, au début du siège, affluaient vers Delhi depuis le sud ; et furent lancés, en une succession presque monotone, contre notre position, alors qu'ils étaient encore frais et non démoralisés par la défaite, pour ensuite être repoussés, à maintes reprises, avec un immense massacre, par la petite phalange invincible des Britanniques, des Sikhs et des Gurkhas, qui s'accrochaient vigoureusement. , à la manière d'un bouledogue, au terrain qu'il avait occupé. Pendant un certain temps, le nombre de l'ennemi continua d'augmenter, alors que de nouveaux corps, presque quotidiennement, des régiments et des brigades entraient dans la ville déjà peuplée, leur arrivée étant bruyamment saluée par l'artillerie lourde. En revanche, notre liste d'appel, loin d'augmenter, a au contraire diminué ; car les pertes incessantes dues aux pertes au combat étaient largement complétées par les décès dus à la fièvre et au choléra ; et nos renforts indispensables tardèrent à arriver. Mais nous avions la ferme assurance que tôt ou tard ils viendraient certainement. Nous savions tous que John Lawrence et ses lieutenants mettaient tout en œuvre pour assurer la sécurité du Pendjab sur nos arrières, en désarmant les régiments hindoustani mécontents de cette province et en en recrutant de nouveaux, tant de cavalerie que d'infanterie, issus des combats acharnés. hommes du Khalsa. Nous savions que, aussi rapidement que possible grâce à la prévoyance et à l'énergie humaine, ces levées dignes de confiance et courageuses, ainsi que tous les régiments britanniques qui pouvaient être épargnés, ainsi que tous les canons et mortiers lourds de l' arsenal de Ferozepore , et, presque mieux que tous, l'héroïque Nicholson viendrait à notre secours ; et qu'alors le véritable siège commencerait sérieusement et que le sort de Delhi serait scellé.

Au début du mois d'août eut lieu le seul effort sérieux de l'ennemi pour couper nos communications. Pour citer une lettre écrite par le général Wilson à Nicholson et reçue par ce dernier le 3 août [3] : — « L'ennemi a rétabli le pont sur le canal Najufgurh (que nous avions détruit) et s'est établi dans force là-bas, avec l'intention de se déplacer sur Alipore et nos communications avec l'arrière, je vous supplie donc instamment d'avancer avec toute la célérité en votre pouvoir, à la fois pour chasser ces gars de mes arrières et pour m'aider à maintenir ma position. ". La rapidité et l'efficacité avec lesquelles Nicholson exécuta ces instructions sont décrites graphiquement dans les pages de l'ouvrage de Sir John Kaye. Le 14 août, il mena dans le camp de Delhi la colonne mobile qui avait déjà rendu de grands services en désarmant les régiments mutins de Phillour et d'Umritsar et en détruisant la brigade rebelle Sealkote à Trimmoo. Ghât . Le 25 août, il sortit de nouveau à la tête d'un petit corps de toutes armes ; et avant la tombée de la nuit, il avait balayé de Najufgurh la « brigade Neemuch » qui attendait pour intercepter le train de siège qui approchait lentement de l'arsenal de Ferozepore .

Il y a des hommes dont l'apparence personnelle s'harmonise si parfaitement avec leurs caractéristiques intellectuelles et morales que quiconque les voyant pour la première fois serait presque certain de deviner intuitivement leur identité. Nicholson était l'un d'entre eux. Grand, sombre et sévère, il ressemblait en tout point à ce qu'il était : un homme intrépide, autonome, féroce et magistral, né pour les temps orageux et les événements bouleversants. Il était impossible de l'associer à quelque chose de banal, ou autrement qu'héroïque ou grand. Il a produit sur moi, comme sur tout le monde , une impression vive, qui ne peut jamais s'estomper. Quand je l' ai vu pour la première fois , ce n'était que pour un instant. Il dit quelque chose à voix basse à une connaissance et s'éloigna ; mais instinctivement, j'ai eu le sentiment d'être entré en contact avec quelqu'un qui se distinguait et dépassait les autres hommes. "C'est Nicholson", dis-je, sachant que ce ne pouvait être personne d'autre.

Le 4 septembre, les énormes canons et mortiers du train de siège, tirés par des éléphants encore plus colossaux, roulèrent lentement et solennellement à travers le camp jusqu'à la crête. Le 6, le tout dernier lot de renforts, un détachement du 60th Rifles de Meerut, arriva, marchant « de leur manière habituelle et joyeuse », comme le décrit Hervey Greathead dans une lettre à sa femme écrite ce jour-là. Les Royal Engineers avaient déjà rempli un vaste « parc des ingénieurs » de fascines, de gabions, de sacs de sable et de tous les appareils imaginables pour le bombardement et la tempête. Rien n'avait été négligé. Il ne restait plus qu'à commencer le siège réel et définitif et à livrer l'assaut.

Qu'aucun temps n'a été perdu est prouvé par le fait qu'une batterie de brèche composée de six canons lourds, à moins de sept cents mètres du bastion de Moree , a été achevée et armée dans la soirée du 6 et a commencé son travail de destruction le 7.

NOTES DE BAS DE PAGE :

[3] *La guerre des cipayes de Kaye* , Vol. II, p. 645.

IV.
À L'assaut de la ville.

À partir de ce moment jusqu'au matin du 11, lorsque la dernière des quatre batteries fut achevée, nos vaillants ingénieurs, groupes de travail et artilleurs travaillèrent comme des hommes qui n'ont jamais travaillé auparavant ni depuis. Toute la nuit, des pioches, des bêches et des pelles furent activement utilisées, sous un feu nourri, à construire les batteries ; sur lequel, aussitôt terminés, furent montés les canons lourds et les mortiers ; et au fur et à mesure qu'ils se mettaient en position, ils se joignirent pour gonfler la furieuse tempête de boulets et d'obus qui ne cessa de démolir la maçonnerie des défenses de la ville jusqu'au moment de l'assaut dans l'aube grise du 14. La dernière batterie a été construite à l'abri des murs en ruine de la Douane, à une distance de 180 mètres du bastion d'eau, sous un feu terrible et incessant provenant des bastions du Cachemire et de l'Eau et du rideau qui les sépare. essayez de vous en rendre compte ; et il admettra qu'aucune entreprise plus désespérée et plus audacieuse n'a jamais été réalisée devant une forteresse assiégée.

Le 13, j'ai eu le triste sort d'être en service à l'avant-poste d' Azadpore , où des rumeurs m'ont parvenues selon lesquelles l'assaut serait probablement lancé avant l'aube du 14. Mon piquet aurait normalement dû être relevé ce matin-là, mais aucun soulagement ne vint ; et à mesure que la journée avançait, il semblait que j'étais destiné à rester là-bas, désespéré et oublié, jusqu'à ce que tout soit fini. C'était plus que ce qu'on pouvait supporter ; j'envoyai donc messager après messager dans le camp avec des lettres implorantes, implorant le rappel de mon piquet. Mes supplications furent couronnées de succès, et j'eus la satisfaction intense, quoique égoïste, d'apercevoir enfin au loin la petite colonne de poussière qui annonçait l'approche du groupe qui avait été envoyé pour me remplacer. L'officier qui commandait était très grincheux et boudeur ; mais après tout, c'était à son tour de faire ce devoir. Chacun doit tenter sa chance comme elle vient. Le consolant avec ce vieil apothegme en croûte, je ne perdis pas de temps pour dégager le poste et ramener mon détachement au camp ; mais même alors, j'étais voué à de graves déceptions. Les troupes destinées à former la brigade de cavalerie sous Sir Hope Grant avaient été écartées, et mon parti dut se contenter de faire partie de la réserve restée au camp. J'ai donc perdu la chance d'être l'un des glorieux six cents, dont l'endurance héroïque ce jour-là sous un violent ouragan de raisin et de mousqueterie « a empêché l'ennemi, qui avait repoussé la 4e colonne, d'avancer sur le terrain découvert entre la crête et la Ville, et prenant toute notre attaque de gauche en flanc. » [4] Lorsque la tentative de la colonne du vaillant colonel Reid de forcer l'entrée de la ville par la porte de Lahore échoua, en partie à cause du manque d'artillerie et en partie à cause de la défaite du contingent auxiliaire du Cachemire, tout le poids de empêchant les rebelles victorieux, au nombre de plusieurs milliers, de sortir en masse de Kissengunge et de poursuivre notre infanterie en retraite, ce fut sur la brigade de cavalerie. Mais avant que l'ennemi pût oser se confier dans la plaine au-delà de l'abri de ses murs, il fallait en chasser les cavaliers ; et l'effort pour y parvenir était féroce. Des murs de la Ville , des faubourgs de Kissengunge , une grêle de plomb enflammée balayait sans cesse. Selle après selle était vidée ; cheval après cheval tombait, mais pas un instant il n'y avait le moindre vacillement ou instabilité. Tranquillement et sans confusion, les rangs ont continué à se resserrer et à combler les lacunes récurrentes, sombrement déterminés à tenir bon jusqu'au dernier homme. Totalement incapables de riposter, ou de faire quoi que ce soit d'autre que rester immobiles en tant que cibles vivantes passives, ils semblaient voués à un éventuel anéantissement lorsque la célèbre troupe d'artillerie à cheval de Tomb galopa à la rescousse. Prenant position au plus près, à deux cents mètres à peine de l'ennemi, nos canons ne tardèrent pas à entrer en action et repoussèrent les rebelles jusqu'alors triomphants des murs extérieurs dans le labyrinthe de maisons de leur territoire. à l'arrière et réduisirent considérablement leurs tirs. Mais depuis la porte de Lahore, un canon de 24 livres, sans silence, continuait à déverser du raisin dans les rangs et à y creuser de nombreuses brèches épouvantables. Ce n'est que lorsque le feu rebelle, atténué par le succès de notre attaque sur la porte du Cachemire, fut devenu inoffensif et que tout danger de sortie fut effectivement éteint, que la brigade de cavalerie, gravement paralysée, fut retirée de son poste d' honneur .

Bien que cet acte des six cents personnes devant les murs de Delhi n'ait pas été chanté par le poète officiel et ne soit pas aussi célèbre dans le monde entier que celui des six cents autres à Balaclava, il mérite pleinement d'être mis entre parenthèses comme exemple de l'héroïsme et le dévouement. Chacun est un brillant exemple de l'union parfaite de la discipline et du courage. Si la charge de la Brigade légère fut une erreur, d'autant plus grande est la gloire des braves hommes qui chevauchèrent jusqu'à la mort sans remettre en question leurs ordres.

Il ne leur appartient pas de raisonner,
mais d'agir et de mourir.

Il n'y avait aucune erreur dans l'ordre qui consacrait les six cents cavaliers de Delhi à affronter un *feu d'enfer* pour le salut de leurs camarades d'infanterie. Tout soldat qui sait ce que signifie « rester assis pour se faire tirer dessus » appréciera avec fierté le fait d'armes accompli ce matin du 14 septembre 1857 par la brigade de cavalerie britannique et autochtone sous le commandement de l'intrépide et doux Sir Hope. Accorder.

La description de cet épisode dans les pages élogieuses de Sir John Kaye est si vivante que j'ai du mal à résister à la tentation de la transcrire ; mais la plupart de mes lecteurs militaires le connaissent sans doute ; et si quelqu'un n'a pas encore lu son *Histoire de la guerre des Cipayes en Inde* , je leur recommanderais de ne pas perdre de temps pour étudier cet ouvrage profondément intéressant. C'est un hommage impérissable à la gloire de nos armes, et personne qui lit son récit des actes courageux accomplis par les Anglais, civils aussi bien que soldats, aidés par les Sikhs, les Gurkhas et les quelques autres races loyales de l'Inde pendant cette période de un stress et une épreuve suprêmes, peut aider à sentir son cœur se remplir d'une fierté honnête et patriotique, et d'un espoir confiant que si jamais une lutte aussi féroce devait être imposée à nous-mêmes ou à nos descendants, le vieil esprit de la race anglo-saxonne s'avérerait vrai. à lui-même.

Je n'essaierai pas de décrire les fortunes diverses des quatre colonnes d'assaut. Cette histoire a été racontée une fois pour toutes par Sir John Kaye ; et il est peu probable qu'un récit plus complet, plus clair ou plus correct soit jamais écrit.

Pleins de triomphe, alors que nous qui étions restés dehors savions que la porte et le rideau du Cachemire avaient été pris d'assaut avec succès et que notre drapeau flottait sur les remparts qui nous avaient si longtemps défiés, il était pourtant inexprimablement triste d'assister à la longue procession de des « doolies » transportant les morts et les blessés qui rentraient lentement dans le camp. Ce jour-là, de nombreux vaillants soldats donnèrent leur vie pour l' honneur de leur reine et de leur pays ; mais la perte qui éclipsa toutes les autres fut celle du vaillant Nicholson, frappé d'une blessure mortelle à l'heure de la victoire alors qu'il s'exposait noblement à une mort presque certaine en encourageant ses hommes, qui furent un instant arrêtés par un torrent de plomb qui balayait le chemin étroit où ils avançaient. Sa mémoire et son exemple ne seront jamais perdus pour l'armée britannique, aussi longue et brillante que soit la carrière de ses héros.

L'effectif des quatre colonnes d'assaut était de 3 660 hommes ; de la colonne Réserve 1.500 ; soit un total de 5 160. En face de nous se trouvait une forteresse « de sept milles de circonférence, remplie d'une immense population musulmane fanatique , en garnison de 40 000 soldats armés et disciplinés par nous, avec 114 pièces d'artillerie lourdes montées sur les murs, avec le plus grand chargeur de balles, d'obus. , et des munitions dans les provinces supérieures à leur disposition, en plus d'une soixantaine de pièces d'artillerie de campagne, toutes de notre propre fabrication et pilotées par des artilleurs entraînés et formés par nous-mêmes. [5]

Les pertes de notre côté ce matin-là étaient de 1 145 tués et blessés. Le résultat des combats de la journée a été que nous avons pénétré de force dans un petit coin de la ville et que nous nous y sommes « accrochés par les dents ». Si légère et précaire que fût la prise que nous avions ainsi obtenue sur la gorge de l'ennemi, elle se révéla pourtant suffisante pour un succès éventuel ; mais il ne fait aucun doute que pendant les quarante-huit heures suivantes, la situation fut critique. La grande ville, avec son réseau complexe de ruelles étroites perçant de travers des masses de hautes maisons en briques – avec ses places fortes telles que le Magazine, le Palais du Roi, Selimgurh et le Jumma Musjid – était encore invaincue et provocante ; le rugissement du combat continuait sans cesse. Le général, Sir Archdale Wilson, épuisé par la maladie et le manque de repos, et sous le poids d'une anxiété de longue durée, semblait à ceux qui l'entouraient perdre courage et être à moitié enclin à abandonner notre pied si chèrement gagné à l'intérieur des murs. , et de retirer les troupes une fois de plus vers l'ancienne position à l'extérieur. Pis encore, de grandes réserves d'eau-de-vie et de vin, astucieusement laissées par les rebelles, exposées à la vue de nos soldats, tombèrent entre leurs mains, et le résultat inévitable s'ensuivit. Un grand nombre de nos hommes avalèrent avec empressement le poison ardent ; et ceux qui s'étaient jusqu'alors révélés des héros se vautraient désormais dans les caniveaux, impuissants et imbéciles. Providentiellement, l'ennemi n'a pas profité de ce moment pour lancer un assaut vigoureux. S'ils l'avaient fait, cela aurait probablement réussi, et l'Empire britannique en Inde aurait chancelé sous le coup écrasant et honteux du pire et le plus persistant ennemi de son armée, la boisson forte. Des mesures énergiques furent cependant rapidement prises. Des équipes de travail, fortement encadrées, furent chargées de détruire les bouteilles et de vider les tonneaux ; et très vite tout danger provenant de cette source fut écarté.

Le 16, un progrès important est accompli. Le magazine a été pris avec une perte insignifiante ; et bien que la partie réservée aux armes légères ait sérieusement souffert du vaillant exploit de Willoughby, qui l'avait fait sauter le 11 mai, on y trouva de grandes réserves de munitions d'artillerie. Très promptement, des mortiers furent placés à l'intérieur pour bombarder le palais, qui n'était pas éloigné de plus d'un quart de mille. Ce qu'il y avait de plus intéressant et de plus beau était de voir les grosses coquilles, propulsées par une simple cuillerée de poudre, sortir de leur large gorge ; et, après avoir exécuté une courbe lente et gracieuse, facilement suivie à l'œil nu, nous tombons dans les murs rouge terne du palais. On entendait alors un rugissement profond et un fracas semblable à celui d'une maçonnerie qui tombait, souvent suivi de grands cris de douleur ou de consternation.

La prochaine avancée importante fut accomplie dans la nuit du 18 et au petit matin du 19, lorsque nos troupes, progressant régulièrement de maison en maison et d'enceinte en enceinte, réussirent à s'emparer du bastion de Lahore. A partir de ce moment, le jeu était fini pour l'ennemi. Le vieux roi et son peuple avaient quitté le palais le 18, trouvant sans doute l'endroit peu animé, et le 19, un exode général de la ville avait dû s'accomplir.

Tôt le matin du 20, mon commandant, le capitaine Sanford, était introuvable. On m'a dit qu'on l'avait vu pour la dernière fois chevauchant, suivi d'un seul infirmier, en direction de la Ville . En un instant, avec la confiance de la certitude, la pensée m'est venue à l'esprit qu'il avait dû faire une expédition de reconnaissance dans la ville , pour vérifier jusqu'où l'ennemi l'avait évacuée, et qu'il ne m'avait pas emmené, moi, habituellement son inséparable compagnon. , parce qu'il ne voulait pas m'exposer aux risques d'un exploit certainement insensé. A peine avais-je eu cette idée que j'appelai mon infirmier personnel et partis à sa recherche. Lorsque nous sommes arrivés à la ville, ma supposition s'est confirmée. Sanford et son ordonnance avaient été vus chevauchant dans les rues désertes derrière nos sentinelles. Nous avons donc suivi son exemple et, gardant une vigie inhabituellement brillante, nous sommes partis sur la route qu'il aurait empruntée. En réalité, la ville était abandonnée. Nous n'avons vu aucune créature vivante ; mais nous n'avions pas parcouru plusieurs centaines de mètres lorsque nous rencontrâmes Sanford, qui revenait vivement au trot, le visage rayonnant de joie. Il avait pénétré à travers la ville jusqu'aux portes de Delhi et turkmènes au sud, et y avait attribué la mention « Guide Cavalry ». Avec lui, je me rendis aux quartiers de Sir Archdale Wilson, à qui il rapporta que tout l'endroit avait été évacué par l'ennemi. Je ne sais pas si d'autres avaient anticipé Sanford ; mais je ne pense pas que, quelles que soient les nouvelles apportées à notre service de renseignements par des espions indigènes, un Anglais ait, avant lui, été témoin de ses propres yeux du fait que Delhi était enfin entièrement en notre pouvoir. En tout cas, son exploit audacieux s'est déroulé exactement comme je l'ai raconté. Peu de mois plus tard, il perdit la vie, comme nous le raconterons ci-après, alors qu'il entreprenait, seul, une reconnaissance assez similaire .

Dans la journée, nos troupes entrèrent en pleine possession de la Ville . Tous les points forts, le Palais, Selimgurh , le Jumma Musjid, les bastions et les portes étaient occupés par eux ; et le dernier et, soyons confiants, le dernier siège de Delhi a pris fin.

Tout est bien qui finit bien. Il est toujours facile, et pas toujours inutile, de spéculer après un événement sur ce qui aurait pu être le résultat si une ligne d'action différente avait été adoptée en vue d'y parvenir. Il est bien connu que le général Barnard, cédant aux arguments des ardents jeunes officiers du Royal Engineers, Greathead, Chesney et Maunsell, aidés par Hodson, avait sanctionné une tentative de prise de Delhi par un *coup de main* dans la matinée du 12. de juin; et que si le brigadier Graves, l'officier supérieur de l'époque, avait compris, ou, comprenant, avait obéi à ses instructions de renforcer la colonne attaquante avec le 1er Fusiliers, l'assaut aurait effectivement eu lieu.

On sait aussi qu'environ trois semaines après, le général était de nouveau presque décidé à risquer « le coup du joueur », lorsqu'il hésita d'abord, puis décida d'attendre encore un peu ; qu'alors il mourut du choléra ; et que le général Reed, qui lui succéda, fut contraint, en raison de problèmes de santé, après quelques jours, de démissionner du commandement entre les mains du général Archdale Wilson ; et que ce dernier n'a jamais rêvé un seul instant de faire autre chose que de maintenir sa propre position, et encore moins de prendre d'assaut Delhi, jusqu'à ce qu'il ait été renforcé par tous les soldats disponibles qui pouvaient lui être envoyés du Pendjab, ainsi que par les canons lourds et les mortiers. du train de siège de Ferozepore .

Il est certainement possible que si l'assaut prévu avait été lancé le 12 juin, il aurait été couronné de succès. Pour ma part, j'ai très peu de doute sur le sujet. Les batailles des Hindous Nuddee et Badle -ka-Serai avaient gravement ébranlé le *moral* de l'ennemi ; et l'audace même d'une attaque si audacieuse et si prompte par les forces unies d' Umballa et de Meerut, dont chacune avait, sans le soutien de l'autre, remporté une victoire si éclatante, aurait semé la terreur chez les rebelles et assuré probablement leur défaite. En revanche, les perspectives de succès trois semaines plus tard n'étaient pas aussi encourageantes. Dans l'intervalle, nos effectifs n'avaient pas augmenté, tandis que ceux de l'ennemi avaient reçu des effectifs considérables. Ils avaient matériellement renforcé leurs défenses ; et avaient probablement repris confiance en eux.

En admettant cependant que nous aurions réussi à prendre d'assaut les murs et même, tâche bien plus difficile, à chasser l'ennemi de la ville avec notre poignée de troupes, notre position aurait-elle alors été meilleure et plus forte que celle que nous tenions. La crête? Nos deux mille baïonnettes auraient-elles suffi pour occuper un cercle de murailles de sept milles de long contre une armée d'au moins quarante mille hommes ? Car on peut présumer qu'au fur et à mesure que brigade après brigade et contingent après contingent se mutinaient, ils se seraient rassemblés et auraient tenté de reconquérir le siège de l'Empire moghol. D'un autre côté, la chute précoce de Delhi aurait-elle empêché la révolte de s'étendre davantage, et, si tel était le cas, cela aurait-il été un bien sans mélange ? ou valait-il mieux que la pleine mesure de la désaffection latente puisse se révéler et être efficacement éradiquée une fois pour toutes ? Tels sont les problèmes qui se présenteront à un esprit réfléchi et qui ne pourront être résolus avec certitude.

L'histoire de la capture du vieux roi et du massacre des princes par Hodson est trop connue pour avoir besoin d'être répétée.

Au cours des semaines suivantes, rien de plus mouvementé ne se produisit à l'intérieur des murs de Delhi que les agissements des agents des prises - du point de vue, en tout cas, d'un subalterne nécessiteux qui comptait sur eux pour reconstituer une bourse qui avait été bien remplie. presque vidé par les incendies incendiaires de Meerut.

La première colonne détachée pour les opérations extérieures fut celle du colonel Greathead du 8th King's, qui se dirigea vers le sud dans le but d'attaquer et de briser tous les corps ennemis en retraite qu'elle pourrait rattraper ; et qui, au début d'octobre, effectua si opportunément le soulagement d'Agra et remporta une victoire si glorieuse sur le contingent d'Indore et les autres troupes rebelles qui se dirigeaient vers l'assaut de cet endroit. Une autre colonne dirigée par le brigadier général Showers fut ensuite envoyée dans les districts de l'ouest et du nord-ouest, à laquelle était attachée la cavalerie guide. Notre principal objectif était de punir et, si possible, de capturer le Nawab de Jhujjur ; mais avant d'effectuer cela, nous nous déplacions à travers le pays, « montrant nos muscles », pour employer une expression d'argot, dispersant ainsi les bandes de maraudeurs égarés et insufflant confiance aux gens tranquilles des classes agricoles.

Au cours de la répression de la mutinerie, campagne unique et à nulle autre pareille, les liens de fer de la discipline n'étaient, à certains égards, pas aussi étroitement serrés que d'habitude, et beaucoup de choses se produisirent qui seraient désormais impossibles. Par exemple, il n'était pas du tout rare qu'un officier entreprenant, sans autre sanction que celle de son commandant, prenne un petit groupe d'hommes à cheval et se mette à l'affût à la recherche d'aventures. Très fréquemment, il les retrouvait, et prenait soin, vu l'irrégularité de ses démarches, qu'aucun rapport n'en parvienne au général. Dans une de ces occasions, un capitaine qui faisait du service avec nous, et qui était connu pour son excentricité, frisant presque la folie, son intrépidité et sa soif inépuisable de vengeance contre les mutins, se trouva, avec un escadron de seize personnes. ou vingt hommes, à plusieurs milles du camp, devant la porte d'une enceinte fortifiée, à l'intérieur de laquelle se trouvaient une quarantaine de cipayes rebelles qui, comptant sur leur éloignement du danger, n'avaient pris aucune précaution contre la surprise et préparaient tranquillement leur dîner. H—— comprit immédiatement la situation. "Arrêt!" a-t-il crié d'une voix de stentor à ses hommes, ajoutant en hindoustani "Seulement vingt hommes me suivent jusqu'à la porte. Que le reste du régiment reste dehors." "Jetez vos armes dans ce coin", rugit-il aux cipayes terrorisés. "Rassemblez-vous dans le coin opposé et faites vite, ou je vous tuerai tous." Il fut immédiatement obéi. "Maintenant," dit-il, "je vois parmi vous un certain nombre d'hommes plus âgés que les autres, qu'ils ont probablement égarés. Chassez-les du milieu de vous, afin que je les détruise." Les misérables lâches des jeunes hommes chassèrent instantanément les plus âgés, luttant et luttant pour leur chère vie : et H... et son groupe tombèrent sur eux et les tuèrent.

Puis se tournant vers le reste du traître, "Quelle saleté avez-vous mangée !
Oh enfants de hiboux !" et il « les frappa aussi à la hanche et à la cuisse ».

Avant de condamner complètement et sans réserve cette action sans aucun
doute sauvage, je prie le lecteur de se rappeler que dans cette guerre de
mutinerie, aucun quartier n'a été fait de part et d'autre. Nous considérions, et
à juste titre, les mutins, non pas comme d'honnêtes ennemis, mais comme
des meurtriers ignobles et cruels pour lesquels mourir par l'épée était un trop
beau sort, et dont la seule fin convenable était la potence. S'ils s'étaient bornés
à une révolte contre le gouvernement et, dans cette tentative, avaient
massacré leurs officiers et tous les hommes qui tentaient de le réprimer, ils
ne se seraient pas mis en dehors de la miséricorde ; mais puisqu'ils avaient
massacré nos femmes et nos enfants sans défense , nous aurions été plus
qu'humains, nous aurions été moins que des hommes, si nous ne les avions
pas exterminés comme les hommes tuent les serpents chaque fois que nous
les rencontrons. H... savait bien que s'il ne détruisait pas ces cipayes, ils le
détruiraient. La moindre hésitation de sa part, et ils auraient pris les armes,
et, pris comme des rats dans un piège, se seraient battus avec l'énergie du
désespoir. Leurs mousquets contre les épées de nos hommes auraient donné
à leur supériorité numérique un avantage décisif. Nous aurions sans doute
perdu plusieurs hommes et aurions probablement été repoussés. Seule la
stratégie prompte et astucieuse adoptée par H... a sauvé son parti. Avec tout
cela, il est impossible d'éviter un sentiment de regret que cet incident ait pu
se produire.

NOTES DE BAS DE PAGE :

[4] *La guerre des cipayes de Kaye.*

[5] Lettre du colonel Wilson au colonel Baird Smith, datée du 30 août 1857.

V.
CAPTURE DE JHUJJUR.

Un soir, alors que mon commandant, le capitaine Sanford et moi, après avoir dîné au mess, retournions à la tente que nous partagions entre nous, il me dit que je ne devais pas m'attendre à jouir cette nuit-là d'un très long repos ; car il avait prévu une petite expédition dans laquelle je devais l'accompagner. Il avait obtenu des informations d'un espion sur l'endroit où se trouvait un petit groupe d'ennemis dans un village situé à environ douze milles de notre camp. Il avait déjà donné l'ordre à cinquante de nos hommes à qui on avait demandé séparément et secrètement de s'armer et de monter à cheval le plus tranquillement possible peu après minuit, et de se faufiler hors du camp, un à un, à travers un piquet qui avait été prévu. pour les laisser passer. Il n'avait mis dans sa confiance aucun des officiers, sauf moi et l'adjudant, en partie pour échapper à leurs importunités de pouvoir nous accompagner, et en partie parce qu'il n'était pas sûr que nous ne nous lancions pas dans une chasse à l'oie folle. Sur le coup de minuit, nous nous sommes levés, nous nous sommes habillés et armés, avons fortifié nos estomacs avec une tasse de thé chaud, avons fourré dans nos étuis un poulet rôti froid chacun et quelques chapatties , sommes montés à cheval et avons quitté le camp en direction du rendez-vous, où nous avons trouvé notre groupe et un guide qui nous attendait. Plaçant le guide devant, sous l'escorte de deux sowars, et chuchotant aux hommes du flanc droit de le suivre en file indienne, Sanford ouvrait la marche sans bruit. Ce n'est qu'après avoir parcouru quelques kilomètres entre nous et le camp que nous nous arrêtâmes, nous formâmes et « signalâmes », après quoi nous continuâmes notre voyage, trébuchant dans l'obscurité à travers les champs et les sentiers jusqu'à notre guide. nous avons laissé entendre que nous étions à moins d'un mile de notre destination. Comme il était encore environ une heure avant l'aube, nous nous arrêtâmes, descendîmes de cheval, regardâmes nos sangles et desserrons nos épées dans leurs fourreaux. Lorsque nous repartirent, précédés de quelques éclaireurs, avec lesquels se trouvait le guide, une très faible lueur commençait à éclairer le ciel à l'est. En quelques minutes, l'obscurité de la nuit s'était partiellement dissipée ; et nous pouvions voir, non loin de nous, un groupe de toits de chaume et quelques minuscules volutes de fumée bleue où des lève-tôt avaient commencé leurs préparatifs pour le petit-déjeuner. Presque au même moment, nous rencontrâmes deux ou trois cipayes qui étaient ainsi arrivés de bonne heure sur le terrain. Ils n'ont pas fait grand-chose. Nous avons continué ; puis un coup de carabine rompit le silence, suivi d'un bruit de sabots de chevaux, tandis qu'un petit piquet, qui, chose étrange, était en fait posté à l'affût, donna l'alarme et partit au galop.

Après eux, nous sommes allés *ventre à terre* et les avons conduits directement dans le village, qui s'est avéré être un petit village et aucunement protégé par des terrassements. De l'absence totale de toute tentative de nous arrêter par des tirs de mousqueterie, jointe au tumulte qui régnait dans le hameau, il était évident que notre attaque soudaine avait frappé de panique ses défenseurs ; alors Sanford, avec son audace habituelle, décida rapidement de frapper pendant que le fer était chaud. Détachant deux petites escouades pour balayer la place et nous rejoindre du côté opposé, il mena le gros du groupe au galop tout droit dans la rue principale et à travers le village, dans les champs au-delà, qui étaient déjà pleins de fugitifs. Ils étaient tous à cheval, mais beaucoup d'entre eux avaient été si pressés de s'enfuir qu'ils n'avaient pas eu le temps de seller leurs chevaux. Bien qu'ils fussent deux ou trois fois plus nombreux et que s'ils avaient fait une surveillance vraiment efficace, ils auraient facilement pu nous repousser, ils étaient si complètement démoralisés par la terreur qu'ils ne firent pas le moindre effort pour se rallier, mais s'enfuirent. dans toutes les directions, chacun pour soi et chacun essayant de réaliser le meilleur temps jamais enregistré. On peut imaginer quelles vacances ce fut pour nos féroces « Guides ». Bientôt la plaine fut jonchée des cadavres de leurs victimes ; et bien que beaucoup de rebelles, une fois rattrapés, utilisèrent leurs *tulwars* du mieux qu'ils le purent, ils ne réussirent qu'à blesser légèrement quelques-uns de nos hommes.

Un malheureux, qui est tombé à mon sort, s'est jeté à bas de son cheval alors que j'avais failli le rattraper, et hardiment face à moi à pied, il a essayé de tirer son *tulwar* ; mais plus il tirait, moins il sortait du fourreau. Pendant un moment, j'ai cru que la peur avait paralysé son bras ; mais j'ai découvert plus tard qu'il avait attaché sa poignée au fourreau et que, dans sa précipitation et son agitation très naturelle, il avait tout oublié de l'attache. Ce n'était pas du tout une pratique inhabituelle chez les épéistes indigènes d'attacher ainsi leurs *tulwars* , dans le but d'empêcher leurs bords acérés de s'émousser par la friction.

Pendant trois ou quatre milles, nous avons poursuivi notre poursuite, lorsque Sanford a sonné « arrêt » et « ralliement » et nos hommes dispersés ont progressivement obéi à l'appel et se sont rassemblés, beaucoup d'entre eux menant des chevaux capturés et chargés de butin sous forme d'armes. et des bric-à-brac, parmi lesquels se trouvaient sans aucun doute de nombreux mohurs et roupies en or extraits des *ceintures de smoking* des sowars tombés. Notre retour au camp ce soir-là fut très discret. Ce n'est qu'après le crépuscule que nous nous faufilâmes à l'intérieur comme nous l'avions fait, par un ou par deux ; car nous n'avions aucunement envie que le général apprenne notre escapade non autorisée, jusqu'à ce que, en tout cas, Sanford ait trouvé le temps de réfléchir à l'excuse la plus judicieuse pour cela.

Tandis que nous étendions nos jambes fatiguées sous la table de la tente du mess et rafraîchissions nos gorges sèches avec une bonne gorgée de bière « tarbund », nous attendions avec impatience une bonne nuit de sommeil après nos aventures de la journée, car la force n'allait pas reprendre son cours. marche jusqu'au jour le lendemain matin. À ce moment-là, une lettre officielle fut apportée par un infirmier et remise au commandant, dont le visage, pendant qu'il la lisait, présentait une étude intéressante. Il termina sa lecture par un faible sifflement indiquant clairement un embarras perplexe ; puis en a communiqué le contenu à la table. L'officier d'état-major de la colonne eut, semble-t-il, l' honneur de l'informer que le général avait reçu des informations selon lesquelles un certain village, celui-là même où nous avions fait notre visite du matin, était occupé par un fort avant-poste de la cavalerie ennemie. Il fut demandé au capitaine Sanford de prendre tous les sabres disponibles de son régiment et de battre cet avant-poste, en chronométrant sa marche de manière à, si possible, effectuer une surprise à l'aube. Dans le cas où l'ennemi s'avérerait trop fort pour être délogé, le capitaine Sanford devait communiquer avec le général, qui se trouverait sur la ligne de marche préalablement notifiée dans les ordres. Voilà un joli dilemme ; que fallait-il faire maintenant ? Il ne serait jamais opportun, à ce stade de l'affaire, de déclarer que nous avions anticipé le général tant dans l'information que dans la manière d'agir. Il aurait été furieux, aussi notre commandant se contenta-t-il d'accuser réception de l'ordre. Une fois de plus, peu après minuit, nous sommes arrivés, cette fois tout le régiment, soit environ 250 hommes ; et s'éloigna dans la même direction que la nuit précédente. Notre humeur n'était pas aussi vive qu'à cette occasion, et Sanford n'était pas aussi gai qu'à l'habitude ; car il ne voyait pas vraiment comment se sortir de l'embarras dans lequel il s'était retrouvé.

Au point du jour, nous atteignîmes le village, apparemment désert ; et ici nous rencontrâmes une merveilleuse chance : car dans une des maisons nous capturâmes un insensé qui, après nous avoir échappé la veille, était revenu, croyant que la voie était libre, revenir dans la nuit pour récupérer quelques objets qui il n'avait pas eu le loisir de plier bagage avant de prendre congé. La surprise du pauvre garçon était pénible à voir ; mais il s'éclaira bientôt lorsqu'on lui promit la vie, à condition qu'il nous conduise à l'endroit où ses camarades s'étaient réfugiés. C'est ce qu'il entreprit de faire ; et, pour assurer sa fidélité, ses mains étaient solidement liées, et il était monté sur un poney égaré, dont la longe était confiée à deux hommes qui avaient ordre de le fusiller s'il tentait de s'échapper.

Il dit qu'environ six milles plus loin nous retrouverions la plupart de ses camarades, qui avaient établi un bivouac en plein air, car ils en avaient apparemment assez des enclos villageois. Ses informations se sont révélées parfaitement exactes. Dès que l'ennemi aperçut nos éclaireurs, il s'enfuit encore plus précipitamment, si possible, qu'auparavant. Pendant la poursuite, comme d'habitude, nous nous sommes beaucoup dispersés. Bientôt, j'observai deux personnages, très loin sur la gauche, qui disparaissaient au loin, tandis que derrière eux, à un long intervalle, chevauchait le capitaine Sanford, suivi de quelques hommes. Après lui, j'ai galopé de toutes mes forces. Quand enfin je le rattrapai , je le trouvai, lui et son groupe, arrêtés à la porte d'un «serai», à l'intérieur duquel se trouvaient environ cinquante sowars des troupes de Jhujjur , avec leurs chevaux attachés à des piquets, et - le meilleur prix de tous - deux cuivres légers. des armes à feu.

Les deux personnages que j'avais aperçus pour la première fois étaient ceux d'un ennemi poursuivi par un de nos sous-officiers, généralement connu sous le nom de « Shahzada », et soupçonné de ne pas être doué d'un excès de courage. Le lecteur jugera cependant si les soupçons étaient fondés. Dans sa poursuite, il avait distingué un ennemi qui, presque aussi bien monté que lui, lui avait fait une longue poursuite à travers le pays ; mais il était resté fidèle à lui jusqu'à ce qu'il le fasse tomber à terre dans le sérail, à la porte duquel le Shahzada dut s'arrêter, car il était plein de « moofsids ». Rien d'intimidant, il avait sorti de sa ceinture un énorme pistolet à cheval, en avait couvert tout le monde d'une manière générale, les avait informés que le "Guide Rissala " - nom de terreur des rebelles - était sur ses talons et avait menacé pour percer un trou dans le premier homme qui bougeait. L'équipage lâche, qui avait sans doute entendu parler de la surprise et du massacre de la veille, était trop effrayé pour bouger. En quelques instants, Sanford et ses hommes renforcèrent la Shahzada ; et quand je suis arrivé, tous montaient la garde à la porte. Bientôt nous fûmes rejoints par le gros du régiment ; puis les prisonniers ont été sécurisés ; leurs chevaux saisis ; et Sanford, le cœur léger, s'assit pour envoyer une brève dépêche au général, l'informant que nous avions capturé cinquante prisonniers et deux canons en laiton. Celui-ci fut expédié sans perte de temps ; et nous commençâmes notre marche pour rejoindre la colonne ; mais on nous reçut l'ordre de rester où nous étions, car la colonne viendrait à nous. Nous sommes donc retournés sur nos pas jusqu'au sérail. Je ne sais pas si le capitaine Sanford, à l'arrivée du général, en a fait la vérité et lui a raconté toute l'histoire de l'affaire de la veille. En tout cas, nous n'en avons plus jamais entendu parler.

Une capture de chevaux était toujours la bienvenue, car c'était le seul moyen par lequel nous pouvions remplacer les pertes parmi nos propres montures ; et les pertes étaient assez fréquentes à cette époque, dues aux blessures et au travail acharné. Nous avions l'habitude de sélectionner les meilleurs des captifs et de les passer dans les rangs ; et vends aux enchères dans le camp les autres et ceux que nous avons rejetés parmi nos propres animaux. Jusqu'à présent, nous avions toujours considéré ces prises de guerre comme nos propres avantages ; et personne ne nous avait gênés. Il arriva cependant maintenant qu'une levée de police à cheval était en cours ; et ce lot de chevaux fut réquisitionné pour eux. Nous fûmes, à notre grand dégoût, obligés de nous séparer de quelques-uns d'entre eux ; mais j'ai l'idée astucieuse que beaucoup des meilleurs sont restés en piquet dans nos lignes. Pour ma part, j'étais déterminé à m'en tenir à une très belle jument rouanne dont j'avais délivré son ancien propriétaire, après l'avoir mis hors de son pouvoir de la monter, elle ou toute autre jument. Je ne saurais dire si l'officier à qui les animaux capturés devaient être remis soupçonnait que certains étaient retenus ou échangés contre des « vis » ; mais nous apprîmes qu'un des prisonniers devait être envoyé autour de nos lignes pour les identifier. Avant son arrivée, la jument rouanne avait été soigneusement soignée, sa crinière et sa queue étaient habillées, ma selle et ma bride militaires lui étaient montées, et une couverture jetée négligemment sur la selle et ses reins. Elle ressemblait beaucoup à un chargeur, et très différente de ce qu'elle était une heure auparavant. Le prisonnier, lors de sa visite d'inspection, ne la regarda même pas, mais fixa ses yeux sur un Arabe gris, pour lequel j'avais donné un prix élevé quelques mois auparavant, et après avoir fait semblant de le regarder d'un œil critique partout, déclara avec assurance : qu'il était l'un des chevaux capturés. Une erreur aussi évidente a effectivement discrédité son témoignage ; et il fut chassé de nos lignes avec ignominie. Cette jument rouanne a dû faire bien des journées de travail par la suite ; et j'ose dire qu'elle a servi l'État aussi bien lorsqu'elle transportait un officier de cavalerie irrégulière qu'elle l'aurait fait si elle avait rejoint la nouvelle levée.

Cette jument était le seul « butin » que je me suis permis de prendre pendant la campagne Mutinerie ; et comme elle était littéralement « captive de mon arc et de ma lance », dans la mesure où ces armes étaient représentées par une lame de Wilkinson, je ne peux pas sentir que j'étais vraiment responsable de l'avoir gardée. Cependant, à au moins une occasion, j'ai été terriblement tenté. Nous avions pris possession d'une ville déserte ; et nos hommes étaient occupés à « chercher des armes », euphémisme qui recouvrait la recherche de nombreux objets de plus grande valeur, lorsque j'entrai dans une cour sous une porte si basse que je dus m'accrocher à l'encolure de mon cheval pour éviter de casser la mienne. Alors que je traversais la cour jusqu'à l'endroit où se tenait un groupe de mes frères officiers, un des pieds de mon cheval s'enfonça profondément dans le sol, qui était ailleurs aussi dur qu'un trottoir de pierre. C'était pour nous un indice suffisant pour creuser : et nous creusâmes sans tarder. Imaginez notre excitation lorsque, à une profondeur de deux ou trois pieds, nous sommes tombés sur le couvercle d'un grand coffre en fer. Certains de nos hommes nous avaient aidés avec des pelles et des houes indigènes qui traînaient dans les huttes ; Nous en plaçâmes alors quelques-uns en sentinelle à la porte pour avertir les intrus, tandis que nous redoublions nos travaux et que nous avions bientôt sorti le lourd coffre de son trou. Elle était fermée à clé et défia pendant un certain temps tous nos efforts pour l'ouvrir. Pendant que cela se faisait, le toujours vigilant Père du Mal profitait de son opportunité. Il ne faisait aucun doute que le coffre, si soigneusement caché, devait être rempli d'or et de pierres précieuses barbares. Pourquoi devrions-nous remettre toute cette richesse aux agents des prix ? Leurs opérations se limitaient à Delhi. Ce village était clairement hors de leur sphère. Eux et leurs employés ne s'en approcheraient jamais. Sans nous, le coffre n'aurait jamais été découvert. Tandis que de telles pensées étaient librement exprimées et discutées avec enthousiasme, le couvercle de la boîte était d'une manière ou d'une autre ouvert de force ; et puis fut révélé : une masse de documents, des quantités de papiers portant des timbres fiscaux, un nombre de timbres inutilisés, et absolument rien d'autre. Ces papiers, bien que sans valeur pour nous, étaient pourtant d'une grande importance et d'une grande valeur, ainsi que nous en furent informés les officiers politiques auxquels ils furent remis.

Après tout , le « vieux Clootie » n'avait pas perdu son temps. Il avait réussi à faire ressentir à certains d'entre nous la puissance d'une bonne tentation solide ; et j'imagine qu'il a ri doucement de notre déception de ne pas avoir été autorisé à y succomber.

Dans cette même ville déserte, on soupçonnait que se cachait un certain « Chobdar », sorte de « bâton d'or » oriental du vieux roi ; et comme il était particulièrement « recherché » par Sir John Metcalfe, l'officier responsable politique de Delhi, nous avons lancé une recherche très vigoureuse pour le rechercher. Un jeune indigène s'était laissé convaincre par les caresses de H... de nous conduire vers un groupe de huttes dans lesquelles, affirmait-il, nous trouverions sûrement l'objet de notre quête. Pendant une heure ou plus, nous chassâmes sans succès, lorsque, dans une petite pièce sombre, je remarquai l'une des grandes jarres en terre cuite dans lesquelles les indigènes stockent leur grain. Il s'agit, pour le décrire grossièrement, d'une section d'un tube fermée aux deux extrémités, d'environ trois pieds de diamètre et cinq ou six pieds de hauteur, et qui se tient debout à une extrémité. Près du sommet, un trou circulaire est pratiqué sur le côté, dans lequel le grain est versé, et un couvercle est placé sur ce trou. Il est possible que Morgiana et les quarante voleurs m'aient traversé l'esprit. Quoi qu'il en soit, j'enlevai le couvercle et, enfonçant la bouche de mon revolver dans le réservoir, je priai son éventuel occupant d'en sortir. Le pistolet a certainement heurté quelque chose qui a cédé. Alors j'ai poussé mon bras et j'ai attrapé… une barbe épaisse. Une longue traction et une forte traction – et le Chobdar est sorti de toute sa longueur !

Je l'ai remis à mon commandant, qui l'a livré aux autorités politiques qui, pour des raisons sans doute suffisantes, l'ont pendu à une branche d'arbre.

Enfin vint le moment où nous devions tenter des conclusions avec le Nawab de Jhujjur . Ce chef rebelle nous attendait chez lui, dans sa capitale, où il avait rassemblé une force considérable.

Un jour, après une longue marche qui avait amené notre colonne à quelques kilomètres de Jhujjur , nous, la cavalerie des guides et un corps de chevaux irréguliers commandés par le capitaine Pearse, ne fûmes pas un peu dégoûtés par la réception de l'ordre de revenir immédiatement sur nos pas. jusqu'à un point non loin d'où nous venions d'arriver. Pour l'esprit subalterne, cet arrangement ne semblait avoir aucun sens ; et comme notre commandant ne nous en éclairait pas la raison, nous avons beaucoup grogné en abreuvant et nourrissant nos chevaux en toute hâte, puis nous nous sommes mis en route pour la marche du retour.

Tard dans l'après-midi, nous étions arrivés à destination et avons alors été avertis d'être prêts à repartir peu après minuit. Juste avant la tombée de la nuit, j'avais marché seul à quelques centaines de mètres du camp et j'étais sur le point de revenir, lorsque je fus soudainement confronté, au milieu de dunes basses et vallonnées, à un chameau « sowari » transportant deux cavaliers indigènes. Leur présenter mon revolver et leur demander de s'arrêter m'a pris environ une seconde ; et ils furent tellement surpris qu'ils obéirent immédiatement. Je les ai ensuite fait descendre de cheval et conduire leur chameau devant moi au camp. Cela aurait été bien mieux pour eux s'ils avaient risqué mon feu et tenté de s'échapper ; car on trouva sur eux une lettre qu'ils portaient au Jhujjur Nawab, et qui contenait la nouvelle de nos mouvements et une estimation de notre force. Ils payèrent le châtiment qui, dans toutes les guerres, est imposé aux espions. En fin de compte, leur capture fut un accident des plus heureux ; car lorsque, dans l'obscurité de la nuit, notre petite force de sabres défila pour la marche, nous fûmes pour la première fois informés de la raison de nos mouvements excentriques. Il semblait que le général Showers avait l'intention d'attaquer Jhujjur ce matin-là du côté opposé à celui où nous étions actuellement postés. Le fait qu'il nous ait emmenés avec lui puis nous ait renvoyés était une *ruse de guerre* dont le lecteur devinera facilement l'objet. Il pensait qu'il était plus que probable que le Nawab et ses troupes, une fois chassés de Jhujjur , pensant que la côte était libre dans notre direction, prendraient cette route vers une autre place forte qui se trouvait derrière nous, et qu'ils tomberaient entre nos mains. .

On nous a conseillé de faire le moins de bruit possible et il nous était strictement interdit de fumer. Nous avions pas mal de kilomètres à parcourir avant d'arriver près de Jhujjur , nous sommes donc partis en colonne de route. Peu avant l'aube, nous entendîmes une voix lointaine chanter gaiement et devenant progressivement plus forte à mesure qu'elle s'approchait de nous. Le ménestrel s'est avéré faire partie d'un petit groupe de sowars qui devaient être les lâches les plus flagrants de la garnison de Jhujjur , car ils avaient manifestement fui bien avant tout le monde ; et ils se félicitaient sans doute d'avoir échappé à temps aux féroces « Feringhis » quand, à leur grande horreur, ils se trouvèrent parmi nous. Quelques rapides éclairs d'acier et leurs chansons étaient terminées pour toujours .

Le jour commença à se lever progressivement à mesure que nous avancions avec acharnement, rencontrant de temps en temps d'autres petits groupes, dont aucun n'échappait, même si certains se battaient désespérément pour leur vie. Enfin, juste avant le lever du soleil, alors que nous approchions du sommet d'une colline que nous gravissions, nos éclaireurs revinrent au galop avec la nouvelle que le gros des fugitifs était en vue. Nous formâmes aussitôt une ligne au front en rang entier, formation qui, je puis l'expliquer pour le bénéfice des lecteurs civils, est composée d'un seul rang au lieu de deux, et qui, bien entendu, double l'étendue du front ; car notre chef voulait effrayer l'ennemi par une imposante démonstration de force, estimant avec raison qu'à distance ils ne verraient pas que nous n'avions pas de rang arrière. Notre ligne s'avança jusqu'à la crête des hauteurs, puis éclata à notre vue un spectacle qui ne pourra jamais être oublié.

Une pente douce s'éloignait de nous, se terminant par une vaste plaine couverte d'une foule immense qui se dirigeait vers nous en désordre. Des combattants à cheval et à pied – sur des chameaux – sur un ou deux éléphants errants – dans des chars à bœufs et des « ekkas » – sans aucune démonstration de discipline ni de formation régulière, mêlés à des centaines de non-combattants se pressant tous tumultueusement en avant.

Pendant un instant, notre longue ligne s'arrêta complètement en vue de l'ennemi. Puis retentirent les ordres « Préparez-vous à tirer les épées. » – « Tirez les épées ». Nos sabres brillaient dans la lumière, brillant sous les rayons du soleil levant. "En avant au pas;" "Mars;" "Trot;" "Galop;" "Charge." En bas de la pente, nous avons tonné. Comme les sables d'une plaine sèche frappés par une rafale soudaine, la foule dense devant nous, avec un cri sauvage de désespoir, s'est brisée en fragments et s'est enfuie — en vain ! Notre élan nous a porté au milieu d'eux. Pendant des kilomètres, nous les avons poursuivis, et les pertes que nous avons infligées à ceux qui portaient les armes ont été lourdes.

Théoriquement, la cavalerie doit à tout moment être bien maîtrisée et parfaitement contrôlée. En pratique, il serait tout aussi facile de maîtriser les vents après qu'ils aient jailli du sac d' Éole , que de contrôler la cavalerie une fois lancée à sa poursuite. À quoi d'autre pouvait-on s'attendre ? L'ennemi, s'il est monté, se disperse en fuite dans toutes les directions et à un rythme effréné. S'ils veulent être rattrapés et détruits, les poursuivants doivent également se disperser, et à une vitesse encore plus grande. En quelques minutes seulement, nous parcourrons des kilomètres de pays avec un éventail de groupes plus ou moins isolés se déplaçant rapidement. Telle a en tout cas été notre expérience fréquente lors des campagnes de mutinerie. Le seul remède eût été de garder invariablement une forte réserve ; mais cette précaution n'était guère nécessaire, avec des antagonistes aussi méprisables. Après les premières épreuves de force, les rebelles avaient parfaitement appris qu'un affrontement avec nos troupes en rase campagne signifiait invariablement une défaite et que les conséquences d'une défaite étaient terribles. N'ayant ni discipline ni organisation réelle , et n'ayant aucune confiance dans leurs dirigeants, ils nous ont toujours accueillis avec ce que l'on peut mieux décrire comme une hésitation nerveuse ; et leur promptitude à s'enfuir était souvent étonnante. Souvent, des individus et de petits groupes d'hommes se tournaient vers les aboiements et combattaient vaillamment ; mais généralement pas avant qu'ils n'aient eux aussi cédé à l'impulsion générale de panique et ne se soient joints pour un temps à la bousculade.

Dans cette poursuite, j'ai eu le bonheur de tuer un mutin qui devait sans doute être impliqué dans le meurtre de quelque Européen, car j'ai trouvé sur lui une bague de deuil en or portant sur le cercle, en lettres émaillées noires , les mots « À la mémoire de ". La pierre, sur laquelle un nom devait évidemment être inscrit, manquait. Le misérable ne s'est pas battu, mais il est mort comme un chien, avec ma lame dans le dos. Constatant que sa *ceinture* était considérablement bombée, je la déroulai ; et de ses replis tombèrent une quantité de roupies et d'autres choses, parmi lesquelles se trouvait l'anneau, que je pris, laissant le reste du butin à quiconque serait enclin à le ramasser. Je plaçai la bague à un de mes doigts, résolu, lorsque l'occasion s'en présenterait, d'y faire insérer une pierre de sang, avec la date 1857.

À mon grand regret, plus tard dans la journée, je constatai que la bague, qui était plutôt lâche pour mon doigt, avait glissé et était perdue.

On admettra que lorsque nous avons rejoint le rendez-vous à Jhujjur, nous avions, au cours des dernières quarante-huit heures, fait une bonne part de travail ; mais nous avions encore plus à faire. Le Nawab était prisonnier entre les mains du général, qui décida de l'envoyer sans délai au quartier général de Delhi ; et on nous a ordonné de l'escorter. En conséquence, dans l'après-midi, le Nawab, qui était un homme lourd et corpulent, fut placé dans un doolie muni d'un grand nombre de porteurs ; et une fois de plus nos chevaux fatigués étaient en marche. J'oublie quelle était la distance entre Jhujjur et Delhi ; mais je me souviens bien que la marche fut très longue et très fatigante ; et que ce n'est qu'à l'aube du lendemain que nous l'eûmes terminé et que nous pûmes remettre notre prisonnier à d'autres gardiens.

Il a été dûment jugé, reconnu coupable et pendu dans le Chandni Chowk, la rue principale de Delhi.

VI.
EN ROUTE POUR LUCKNOW.

Vers cette époque, je saisis l'occasion d'obtenir quelques jours de congé pour courir à Meerut. Peu après mon retour, le corps des guides qui, depuis son arrivée dans le camp devant Delhi après sa fameuse marche forcée depuis l'extrême frontière, avait continuellement rendu des services non éclipsés par aucune autre troupe qui avait eu l' honneur de prendre part au siège, reçut ordre de retourner à Hoti Murdan . Ses pertes, tant dans les branches de cavalerie que d'infanterie du régiment, avaient été si nombreuses qu'il devenait absolument nécessaire de les remplacer par des recrues.

À ma grande tristesse, mes relations avec ce régiment distingué prirent alors fin ; mais tant que je vivrai, ce sera toujours une source de fierté pour moi d'avoir eu le privilège de servir avec lui, même pour une si courte période, pendant le siège mémorable de Delhi.

Bien que Delhi soit tombée et que le Pendjab soit sécurisé, la révolte est encore loin d'être réprimée dans les provinces du Nord-Ouest et de l'Oudh. Il y avait encore beaucoup de service à voir dans ces régions ; et j'avais naturellement hâte de retrouver mon chemin jusqu'à eux. À cette époque, il n'était heureusement pas très difficile de se rendre au front lorsqu'il fallait combattre. Il y avait du travail pour tout le monde , et en abondance. Depuis lors, bien des soldats passionnés, dépourvus d'amis influents au quartier général, ont dû se contenter de se trouver exclus de la série de « petites guerres », si prolifiques en médailles, décorations et promotions de brevets, qui semblent providentiellement fournies. pour l'avancement rapide au service de ses camarades les plus chanceux, dotés de la meilleure des qualifications militaires : « l'intérêt ».

Sans vouloir m'éloigner du sujet, cependant, l'occasion m'a été offerte d'être transféré au 1er Sikh Irregular Cavalry, un corps qui avait été récemment levé au Pendjab par feu le capitaine Wale et qui était commandé par lui ; et qui à cette époque arriva à Delhi *en route* pour rejoindre les forces de Sir Colin Campbell dans le sud. Ce régiment commença, sous Wale, une brillante carrière qu'il poursuivit sous Probyn en Chine. Il s'agit maintenant du 11e Prince of Wales's Own Bengal Lancers, et conserve toujours sa haute réputation parmi les nombreux et splendides régiments qui composent la cavalerie du Bengale et du Pendjab ; une force de cavaliers qui, on peut le dire sans risque de se tromper, n'est surpassée, en ce qui concerne toutes les meilleures qualités de la cavalerie légère, par aucune troupe au monde.

Si les intelligents 11e Bengal Lancers pouvaient se voir tels qu'ils apparaissaient lorsque, en tant que 1ers Sikhs Irréguliers, ils marchaient sur la grande route nationale de Delhi au cours de l'hiver 1857, ils ne seraient pas peu amusés et étonnés. Toutes les variétés de mors, de brides, de selles *tulwar* — toutes les variétés de chevaux, entiers, juments et hongres — de toutes hauteurs, depuis 15 mains jusqu'aux animaux à peine plus gros que les poneys. Tels étaient l'équipement et la constitution du régiment ; et nos notions d'exercice étaient au début également primitives. C'était tout ce que nous pouvions faire pour « former trois à droite » ou « à gauche ». Les hommes, cependant – s'il n'y en avait pas deux qui montaient de la même manière et aucun d'entre eux ne possédait de « siège de cavalerie » – étaient d'indéniables cavaliers ; et il n'y avait jamais aucune difficulté à les amener, lorsqu'un ennemi était devant eux, à former une sorte de ligne vers l'avant et à chevaucher aussi fort et aussi droit, sinon avec un aussi bon « habillage », que le meilleur. troupes entraînées d'aujourd'hui.

Lors de notre première marche depuis Delhi, un incident comique, qui aurait cependant facilement pu devenir assez grave, se produisit. Je roulais avec les files avancées, lorsqu'une jeune femme indigène, brandissant à deux mains une très longue épée droite à double tranchant, comme celle dont se servent fréquemment les acrobates lors des festivités indiennes, apparut soudain au milieu de la route et nous barra la route. . La créature doit avoir été folle ou sous l'influence du « bhang » ou d'une autre substance intoxicante ; car elle nous inondait d'un torrent d'injures en brandissant vigoureusement la longue et fine lame. Pendant un moment, je restai perplexe : la situation était tellement nouvelle ! Folle ou saine d'esprit, la virago était évidemment sérieuse. Il était clairement impossible de la dépasser sans se battre ; et c'était tout à fait hors de question.

« Tirez-lui dessus, sahib », dit l'un des sowars qui m'accompagnait, peu troublé par la considération polie pour le sexe qu'imposaient à son officier britannique les obligations d'une civilisation décadente. À ce moment-là, comme par inspiration, une « pensée heureuse » m'est venue à l'esprit. "Donnez-lui *du vent* ", (abus) dis-je au sowar; "et donne-lui chaud et fort, et en abondance." Comprenant immédiatement l'idée, la sowar souriante a ouvert une telle batterie d'abus de la nature la plus ignoble et la plus complète sur la malheureuse jeune et ses parentes féminines au degré le plus lointain que son propre feu a été rapidement réduit au silence. Encouragé par ce succès, le sowar redoubla d'efforts ; et il lança un langage si horrible et si honteux avec une telle force et une telle précision que la déroute de l'ennemi devint rapidement complète. Lâchant sa longue épée et enfonçant ses doigts dans ses oreilles, elle s'enfuit avec un cri horrifié ; et nous marchâmes triomphalement, riant du succès de notre tactique.

Rien de très excitant ne s'est produit pendant la longue et poussiéreuse marche vers Cawnpore. Pendant une grande partie du trajet, nous avons dû escorter un immense train de chars à bœufs vides, destinés à l'usage de l'armée de Sir Colin ; et nos devoirs étaient extrêmement monotones. Nous aurions chaleureusement accueilli une attaque contre notre convoi ; mais aucun n'a jamais été fait.

A Cawnpore, je restai à la tête d'un détachement de cinquante sabres , tandis que le quartier général du régiment se dirigeait vers Alumbagh , près de Lucknow. Ce fut pour moi une grave déception ; mais en fin de compte, rien de plus heureux n'aurait pu arriver.

Après avoir marché ici et là à travers le pays avec une colonne dirigée par le brigadier-général Cardew, pendant laquelle rien d'intéressant ne s'est produit, nous sommes retournés à Cawnpore et y sommes restés pendant un certain temps. Mon camarade et collègue subalterne à cette époque était le lieutenant (colonel) Sir Robert Sandeman, *KCSI*, à la sagesse, au tact et à la persévérance duquel l'Inde doit sa frontière imprenable actuelle au nord-ouest et la conversion progressive des tribus sauvages du Baloutchistan. en communautés amicales et paisibles. Lui et moi sommes allés un jour rendre visite à nos amis, le 3e bataillon de la Rifle Brigade, à Unao , sur la route de Lucknow , où ils campaient sous le commandement du colonel Macdonell. Là-bas, le colonel m'a pris à part et m'a informé qu'un messager venait d'arriver avec une demande d'aide urgente d'un village situé à quelques kilomètres au nord, tenu par un petit détachement de police. Le village qui, comme la plupart des autres villages d'Oudh à cette époque, était heureusement protégé par un mur fort et élevé en terre crue, fut attaqué par une force de quelques centaines de rebelles ; et à moins d'être rapidement relevés, ses défenseurs risquaient de manquer de munitions. Il fut rapidement convenu que Sandeman et moi retournerions au galop à Cawnpore, rapporterions l'état des choses au général Sir John Inglis et obtiendrons sa permission d'amener notre détachement le plus rapidement possible à travers le pays jusqu'à un point situé à environ trois milles du poste menacé. où nous devions rejoindre quelques compagnies de la Rifle Brigade et procéder à sa relève.

Nous partîmes aussi vite que nos chevaux pouvaient nous porter. Il était tard dans la soirée lorsque nous arrivâmes ; Sandeman se rendit directement à nos lignes pour chasser nos hommes, tandis que je me rendais au fort et obtenais une entrevue avec Sir John Inglis.

Au début, il était apparemment peu enclin à laisser un si jeune officier emmener de nuit un détachement si loin de tout soutien dans la nature ; mais finalement il écouta mes arguments et, après m'avoir fait comprendre que je devais agir sous les ordres du colonel Macdonell, il me permit de partir.

Quand j'arrivai aux lignes, je trouvai les hommes déjà montés et « grondés », et des chevaux frais prêts pour Sandeman et moi : de sorte que nous nous mîmes en route immédiatement. Après avoir traversé le pont de bateaux, nous avons traversé la campagne en oblique vers la gauche de la route. La nuit était tombée, mais nous bénéficiions d'un certain clair de lune et pouvions nous déplacer assez rapidement. Lorsque nous sommes arrivés au rendez-vous, il n'y avait aucune trace du colonel Macdonell ou de ses fusils ; mais une lettre de lui me fut remise par un messager indigène, qui disait que le colonel, après être parti d' Unao , y était retourné en apprenant qu'à la tombée de la nuit les rebelles avaient levé le siège du village et s'étaient retirés dans un autre endroit. à quelques kilomètres. Après notre long voyage à Cawnpore et retour, ce fut une terrible déception.

Peut-être, cependant, le colonel aurait-il pensé qu'il n'était pas souhaitable de suivre l'ennemi sur une si grande distance avec de l'infanterie, et aurait-il souhaité que je le fasse avec ma troupe. Cette pensée ne m'a pas plus tôt frappé que son « doux caractère raisonnable » a commencé à grandir en moi ; et je m'étais très vite persuadé que la missive, non encore ouverte, contenait des instructions qui correspondaient à mes souhaits. Malheureusement, il faisait trop sombre pour lire la lettre sans lumière, et je n'avais pas d'allumettes ! Curieusement, Sandeman non plus ! En tout cas, nous n'en trouvâmes pas dans nos poches : nous tinâmes donc un bref conseil de guerre ; et décidâmes qu'en l'absence d'instructions, nous estimions qu'il était de notre devoir de nous rendre au village récemment assiégé et d'apprendre tout ce que nous pouvions sur les mouvements de l'ennemi. Nous avons pris le messager avec nous comme guide, et en une heure nous étions arrivés à destination.

Les courageux défenseurs étaient ravis de nous voir ; mais ils nous informèrent que les rebelles n'étaient pas allés loin et qu'ils reviendraient certainement dans la matinée ; et ils nous supplièrent de ne pas les abandonner à leur sort.

En demandant combien de combattants ils pouvaient rassembler, nous avons constaté qu'ils pouvaient produire environ une centaine de mousquets et de toutes sortes de fusils à mèche. Je leur ai alors demandé quelle était, selon eux, la force de l'ennemi. Environ cinq ou six cents, disaient-ils. En tenant compte des exagérations orientales, nous avons deviné que deux cent cinquante ou trois cents seraient probablement plus proches de la réalité ; je leur ai donc demandé s'ils étaient prêts à nous accompagner et à tabasser leurs derniers assaillants, que nous trouverions certainement mal préparés pour notre visite de minuit. Avec le plus grand empressement, ils acceptèrent : ainsi, sans perte de temps, je pris mes dispositions, et formai ma petite armée dans l'ordre qu'elle devait garder jusqu'au moment de l'attaque. Au centre, j'ai réussi, non sans difficulté, à amener la police et les villageois armés à se mettre en ligne, en leur faisant comprendre que s'ils pouvaient maintenir cette formation jusqu'à ce que nous entrions en contact avec l'ennemi, ils seraient certainement pris pour une compagnie. du redoutable *gora logue* (troupes blanches), ce qui serait un lourd score en notre faveur . Mon propre parti, je le divisai en deux corps de 25 sabres chacun et en plaçai un sur chaque flanc, donnant le commandement de la gauche au lieutenant Sandeman et de la droite à un officier indigène, jusqu'au moment de la charge, où je proposai de le diriger. . J'expliquai ensuite le plan d'attaque et veillai très bien à ce que chacun de mes alliés hétéroclites le comprenne parfaitement et comprenne l'extrême nécessité d'y adhérer. Un guide était placé devant le centre de la ligne, où je pris position ; et il reçut l'ordre de me conduire directement au camp des rebelles qui, nous assurait-on, se trouveraient « en bivouac » près d'un village à trois milles environ de là. Le silence le plus strict était imposé à tous. Comme mon but était de surprendre l'ennemi et de tomber sur lui sans lui donner le moindre signe de notre approche, je n'envoyai pas un seul éclaireur. La ligne devait avancer tranquillement et régulièrement, jusqu'à ce que je donne un grand « Hourra », qui serait le signal pour la police et les héros du village de « lâcher » tous les mousquets qu'ils avaient et de crier de tous leurs poumons, quand la cavalerie des deux flancs chargeait, également avec un cri.

Si tout cela ne gelait pas la moelle des os de beaucoup de Pandies endormis , je me flattais que rien n'y arriverait !

donc éloignés à travers champs, la terre molle étouffant tous les bruits, mon infanterie improvisée gardant une ligne vraiment merveilleuse, et tous aussi avides que des panthères.

Au bout d'une heure environ, le guide me murmura que nous étions proches de notre carrière, mais on ne voyait rien. La nuit, même si elle n'était pas noire, l'était suffisamment pour obscurcir tous les objets au-delà de trente ou quarante mètres. Heureusement, une ceinture d'arbres se trouvait maintenant derrière nous, ce qui devait effectivement nous empêcher d'être vus de face. Soudain, j'ai pris conscience de la *silhouette* d'un homme sur le ciel de l'horizon devant moi, se déplaçant lentement, apparemment le long du sommet d'un muret. Presque au même instant, la silhouette obscure lança un grand défi : — « Hookumdar ! Il a dû être surpris par un bruit, car il ne pouvait pas nous voir.

Je retins mon souffle, car je craignais que mes villageois ne s'excitent et ne gâchent mes plans en commençant à tirer ; mais ils se comportèrent admirablement et avancèrent régulièrement. Nous étions désormais à quarante mètres de la sentinelle. " Hookumdar ! " » cria-t-il encore. Pendant quelques mètres encore, nous nous accroupîmes en avant, lorsque la sentinelle, maintenant complètement alarmée, rugit une fois de plus « Hookumdar » et tira avec son mousquet. C'était le moment ! J'ai donné le signal "Hourra" aussi fort que mes poumons me le permettaient, et j'ai galopé vers mon escouade de sowars, tandis que la file de villageois tirait simultanément toutes leurs armes à feu et se lançait dans un tumulte de cris sauvages auxquels les villageois faisaient feu. Les pires efforts d'une meute de chacals fous auraient été une piètre plaisanterie.

Quelques secondes parcoururent le terrain entre nous et le bivouac rebelle et nous conduisirent jusqu'à un fossé peu profond et un muret qui, bien qu'ils abattirent un ou deux de nos chevaux, n'arrêtèrent pas un instant la charge furieuse. La surprise fut si complète et si totalement inattendue qu'à part quelques coups de mousquet épars, tirés sans danger dans la panique, aucun effort pour se tenir debout ne fut fait. Les misérables Pandies , alors qu'ils sautaient, à moitié hébétés par le sommeil, du sol et des charpoys sur lesquels ils étaient couchés, durent être complètement abasourdis par les cris diaboliques et le rugissement de la mousqueterie qui pour beaucoup d'entre eux fut leur dernier " réveil;" et ils s'enfuirent pêle-mêle dans toutes les directions dans les champs, poursuivis et impitoyablement tués par les cavaliers sikhs, dont les craintes avaient dû être multipliées par cent. Certains ont même été sabrés au sol avant d'être bien réveillés. D'autres ont été rattrapés avant d'avoir parcouru une douzaine de mètres ; et en quelques minutes, les champs environnants furent couverts de corps de bien d'autres personnes ; tandis que les heureux survivants, favorisés par l'obscurité, s'enfuyaient à toute vitesse vers des régions inconnues et lointaines, et avaient sans doute une histoire horrible à raconter lorsqu'ils atteignirent enfin un asile sûr, sur la façon dont ils s'étaient échappés par la faveur de Dieu et par la peau de leurs dents, après avoir accompli des prodiges de vaillance inutiles , lors d'une attaque à minuit par toute l'armée britannique.

L'obscurité rendait peu judicieux de pousser la poursuite très loin, d'autant plus que la défaite des rebelles était si décisive qu'il n'y avait pratiquement aucun danger qu'ils s'en remettent et fassent un quelconque effort pour se rallier, et qu'il était bien certain qu'ils ne le feraient pas. depuis un certain temps, ils se font confiance dans notre région du pays, et encore moins tentent de renouveler l'attaque contre l'avant-poste de police. J'ai donc rassemblé la troupe et j'ai été heureux de constater qu'à part quelques égratignures insignifiantes, nous n'avions subi aucune perte.

Nous parvînmes alors à lire la lettre du colonel Macdonell et constatâmes que son contenu n'était pas exactement celui dont nous nous étions persuadés. Le colonel m'avait en effet demandé de retourner au camp de Cawnpore, puisque la retraite volontaire des assiégeants du village menacé avait mis fin au but de notre expédition. Cependant, pour utiliser une expression simple, il n'y a aucune aide en cas de lait renversé. Ce que nous avions fait ne pouvait être défait, nous avons donc décidé de terminer le travail de manière professionnelle. A cet effet, nous rassemblions en tas les biens abandonnés par l'ennemi et en faisions des feux de joie. Nous détruisîmes également par le feu le village fortifié voisin qui les avait hébergés , et qu'il était fort heureux qu'ils n'occupaient pas lorsque nous arrivâmes sur les lieux ; car il se trouvait sur un terrain élevé, et nous aurions dû trouver qu'il était difficile de le résoudre. C'était délicieux d'assister à la joie exubérante et à l'excitation vaine de nos vaillants mousquetons ; et nous sommes tous rentrés de la meilleure humeur chez eux, maintenant libérés du danger ; où nous les avons laissés profiter des félicitations de leurs femmes, pendant que nous poursuivions notre voyage de retour à Cawnpore - un voyage qui s'est avéré non entièrement sans aventure.

Nous avions, bien sûr, obtenu un guide ; et pendant quelques kilomètres nous marchâmes tranquillement, quand, estimant que nous pouvions facilement trouver notre chemin jusqu'au pont sur la rivière par la position de la lune et des étoiles, Sandeman et moi, prenant un infirmier avec nous, laissâmes le groupe pour suivre tranquillement pendant que nous trottions, car j'avais hâte de rapporter notre succès à Sir John Inglis aussi rapidement que possible ; mais nous n'avions pas parcouru plus d'un mile ou deux lorsque le ciel devint si épais de nuages que non seulement l'obscurité s'intensifia, mais nos phares furent perdus de vue. Il fallut que nous nous mettions au pas, et nous nous déplacions avec beaucoup de précautions ; car si nous perdions malheureusement la bonne direction, il n'y avait aucune certitude que nous ne pourrions pas tomber sur un camp égaré de l'ennemi, qui infestait alors la région.

Bientôt, nous arrivâmes en vue d'un certain nombre de lumières scintillantes et eûmes un débat pour savoir si nous devions ou non nous diriger vers elles. Nous avons cependant décidé qu'il serait prudent de les éviter et nous avons donc continué dans la direction opposée ; et au bout d'un moment nous rencontrâmes un petit hameau dont les chiens de garde se mirent tous à aboyer en chœur. Dans le village, nous avons trotté d'un bon pas, et trouvant un homme endormi sur un "charpoy" à l'extérieur de sa hutte, nous l'avons réveillé et l'avons fait sortir en courant vers les champs presque avant qu'il ait eu le temps de le faire. se réveiller. Nous lui expliquâmes ensuite les choses et lui proposâmes une récompense s'il nous conduisait sain et sauf jusqu'au pont, avec l'alternative de quelque chose de tout à fait différent s'il nous conduisait dans un piège.

Nous avons constaté que nous étions, après tout, arrivés assez droit et que nous étions à moins d'un mile ou deux de la rivière . Au pont, nous renvoyâmes notre guide avec la récompense promise ; et comme l'aube se levait, je me dirigeai vers le fort et cherchai les quartiers du général, non sans appréhension ; car maintenant que cette réflexion froide avait eu le temps de juger sur une impulsion brûlante, je n'étais pas tout à fait sûr sous quelle lumière nos démarches frapperaient ce redoutable officier, et dans quelle mesure il tiendrait compte de l'excuse plutôt boiteuse que j'avais à offrir pour n'avoir pas obéi aux instructions du colonel Macdonell. J'ai commencé à avoir de sérieux doutes quant à savoir s'il avalerait l'histoire du match ; et j'ai chaleureusement souhaité que l'interview se termine bien.

Sir John écouta gravement mon rapport puis entreprit de m'administrer un "wigging" qui me fit perdre toute vanité et me fit souhaiter d'avoir passé la nuit précédente tranquillement dans mon lit au lieu de chasser des rebelles dans la jungle. Mon visage tremblant devait trahir l'acuité de ma douleur, car le bon vieux général, posant sa main sur mon épaule, continua en disant quelque chose du genre : « Ne vous inquiétez pas trop de cela. Comme votre général J'étais obligé de vous réprimander ; car si par hasard vous aviez échoué au lieu de réussir, si votre parti avait perdu de nombreuses vies et avait été repoussé par-dessus le marché, vous auriez eu de sérieux ennuis. eh bien, et vous avez lu ces Pandies comme une excellente leçon ; et, en fait, je ne suis pas vraiment mécontent de vous, peut-être que je vous trouverai bientôt un autre emploi .

Si un criminel condamné était gracié à l'échafaud et recevait par-dessus le marché une belle fortune, ses sentiments seraient alors comme les miens.

Le travail promis est arrivé peu de temps après.

J'ai reçu l'ordre d'emmener ma troupe jusqu'à un point de la rivière à plusieurs milles au-dessus de Cawnpore, et d'établir une série de piquets le long de son cours dans le but de contrecarrer toute tentative des rebelles de la traverser. Pour m'aider dans cette tâche, un corps considérable de policiers semi-militaires nouvellement constitués fut mis à ma disposition, et on me dit que je pouvais compter pleinement sur leur fidélité. Comme la longueur du front que je devais garder s'étendait sur plusieurs kilomètres, il était clair que mes cinquante sabres ne pouvaient pas faire grand-chose pour fournir des piquets. J'ai donc pris les dispositions suivantes. En des points favorables le long du fleuve, j'établis une chaîne de petits postes de police, d'une dizaine d'hommes, chacun sous les ordres d'un sous-officier. Plus à l'intérieur des terres, sur les lignes de rayons menant à ma propre position, j'ai placé trois groupes de mes propres hommes, chacun composé d'un duffadar et de trois sowars.

J'ai gardé le reste du détachement rassemblé en un point central à un ou deux milles de la rivière. Les fonctions des postes de police étaient d'assurer une surveillance incessante et vigilante, et de patrouiller les banques, en gardant le contact les uns avec les autres. Dans le cas où des mouvements suspects seraient observés sur la rive opposée de la rivière, ou de toute tentative de traversée quelque part, ils devaient immédiatement communiquer avec le plus proche de mes liaisons, qui me transmettrait l'information ; et je serais ainsi toujours en mesure de déplacer promptement le gros de mon détachement vers n'importe quel point menacé. Sandeman et moi avons visité à tour de rôle l'ensemble des piquets, une tâche qui impliquait un trajet de vingt à trente milles. Après avoir pris ces dispositions , je me sentais assez tranquille dans mon esprit et j'attendais les événements. Cependant, pendant un certain temps, aucune tentative n'a été faite pour échapper à notre vigilance.

Un matin, on m'informa que c'était une sorte de fête religieuse, au cours de laquelle un certain Raja rebelle, dont le territoire était de l'autre côté du fleuve, avait l'habitude de venir avec une suite considérable sur la rive pour se baigner dans l'eau. État; Sandeman et moi nous sommes donc rendus au poste de police en face duquel le « tamasha » devait avoir lieu. À ce stade, la rivière mesurait plus de mille mètres de large, bien au-delà de la portée de toutes les armes que nous possédions, à l'exception de mon propre canon ovale Lancaster à double canon , dont je me proposais d'essayer les puissances si j'en avais l'occasion. Je me procurai alors deux charpoys et m'assis sur l'un pendant que j'installais l'autre devant, le plaçant debout sur l'un de ses côtés de manière à offrir un excellent et stable support à mon fusil. Bientôt, un couple d'éléphants portant des howdahs sur le dos et entourés de l'habituel haillon et bobtail qui à l'époque était inséparable d'un magnat indigène, émergea de quelques arbres de l'autre côté de la rivière et descendit lentement vers lui. avec beaucoup d'agitation de "chowries" et de battements de "tam-tams".

Pendant que les éléphants éclaboussaient dans l' eau, j'ai tiré une perle sur le plus gros d'entre eux et j'ai tiré. La balle a traversé les airs. Qu'il ait touché l'éléphant ou non, je ne peux pas le dire ; mais l'effet de son arrivée sur la scène jusqu'alors festive fut tout à fait ridicule. D'un commun accord, les deux éléphants et leurs serviteurs firent demi-tour et sortirent de l'eau en courant, remontant la berge jusqu'à l'abri des arbres, suivis par un messager de l'autre tonneau, que j'envoyai pour hâter leurs mouvements. Le Raja en colère répondit alors à mes insultes avec une demi-douzaine de balles à mèche, qui tombèrent sans danger dans l'eau à mi-chemin ; mais il n'osa pas reprendre son bain interrompu, et repartit *bientôt réinfecté* .

Après son départ, j'observai deux grands bateaux « de campagne » se trouvant sous la rive opposée et j'offris une récompense à certains villageois s'ils voulaient les traverser et les récupérer, tandis que je promis de repartir avec le fusil, dont ils ont une merveilleuse portée. venaient d'être témoins des assaillants qui pourraient tenter de les gêner. Quelques manjees (bateliers) se portèrent volontaires pour ce travail et, en pataugeant dans les zones peu profondes et en nageant dans les zones plus profondes, réussirent bientôt à traverser la rivière, chacun d'eux emportant avec lui une longue perche de bambou. Ils prirent possession des bateaux sans être inquiétés et les avaient amenés à mi-chemin de notre côté lorsque quelques hommes à mèche apparurent, courant le long de la rivière et leur tirant dessus. Quelques coups de feu du Lancaster les persuadèrent cependant très vite de se mettre hors de sa portée ; et les bateaux furent enfin amarrés en toute sécurité sous la protection du piquet de police.

Il n'arrivait pas souvent quelque chose d'intéressant, et les journées passaient parfois de manière assez monotone. Dans de telles occasions, nous trompions parfois le temps en demandant à l'un ou l'autre des officiers ou hommes indigènes de raconter leurs aventures lors de la lutte contre « le Sirkar », ce que beaucoup d'entre eux avaient fait à Moodkee , Chillianwalla , Sobraon et bien d'autres champs célèbres. , lorsque les courageuses troupes du Khalsa se couvraient de gloire et gagnaient de leurs antagonistes britanniques le respect que tous les soldats entretiennent pour « des ennemis dignes de leur acier ».

Une des histoires que nous avons ainsi entendues s'est gravée dans ma mémoire, et je m'efforcerai de la reproduire. Le narrateur, un vieux et robuste gentleman sikh, avait été persuadé de divulguer l'histoire de chacune des cicatrices honorables qui ornaient son corps, à l'exception de celle qui traversait l'arête de son nez et gâchait quelque peu sa symétrie. Quand je lui demandai si cette blessure était aussi un souvenir de guerre, il répondit : « Ah, Sahib ! Je ne peux pas vous raconter cette histoire. Vous seriez en colère contre moi. "En colère contre vous", dis-je, "pourquoi devrais-je être en colère si, comme je suppose, vous avez reçu cette blessure lors d'un combat honnête contre nous ? Même si vous tuiez l'homme qui l'a infligée, c'était sa chance. moi ? Viens ! Raconte-nous tout. "Très bien, Sahib, si tu le souhaites et promets de ne pas avoir une mauvaise opinion de moi, je te le dirai. C'est comme ça que ça s'est passé. Vous avez entendu parler de la grande bataille de Chillianwalla , et vous savez à quel point elle a été féroce, et avec quelle vaillance les Sikhs du Khalsa se sont battus ce jour-là. Le Sirkar Angrez [6] revendique la victoire ; mais croyez-moi, Sahib, nous avons gagné ce combat. Le Jungie Lat Sahib [7] ne s'est-il pas retiré du terrain après la bataille ? N'avons-nous pas capturé quatre de vos canons et les étendards de trois de vos régiments ? Nos cavaliers n'ont-ils pas renversé le régiment de Gora et la risala hindoustani ? Pardonnez-moi, Sahib, mais c'est vrai ; son avantage, et avait hardiment attaqué les troupes ébranlées du Sirkar, il a dû les chasser du Pendjab. À cette époque, j'étais - comme je le suis maintenant - un Sirdar et commandais une tolee [8] de mon infanterie ; A un certain moment de la bataille , nous nous trouvâmes opposés au corps à corps à un bataillon britannique, que la fureur de nos tirs avait momentanément arrêté : mais s'ils hésitaient, nous aussi. En vain j'appelai mes hommes à jeter leurs fusils et à se précipiter, l'épée à la main, à l'attaque. Aucune des deux lignes n'osait avancer ; et ni l'un ni l'autre ne prendrait sa retraite ; et là nous nous sommes agenouillés – pendant une minute ou deux épouvantables – nous déversant une effrayante grêle de feu les uns sur les autres à moins de cent mètres. Les deux côtés étaient en train de fondre sous ce choc. Un stress aussi effrayant ne pouvait pas durer. L'une ou l'autre ligne allait certainement céder. Celui qui aurait le courage de se précipiter le premier serait sûr de gagner. Les officiers du Goralogue s'efforçaient frénétiquement d'encourager leurs hommes ; mais en vain. Rien ne pouvait les faire bouger. Soudain, un jeune officier — si jeune — il n'était qu'un « butcha » au visage lisse et aux joues roses [9] — s'est mis hors de lui d'excitation, et agitant au-dessus de sa tête sa stupide petite lame de « Règlement » et criant « Hourra ! 'Hourra!' il s'élança tout seul et se précipita vers moi comme un fou ; et presque avant que je puisse voir ce qu'il faisait, il m'a frappé au visage. Pauvre garçon! Que pouvais-je faire! Si je ne m'étais pas protégé , il m'aurait transpercé le corps avec son mince tranchant d'épée. J'ai donc dû frapper avec mon vif tulwar, et frapper fort. L'instant d'après, les Gora logue étaient sur nous, rugissant comme des tigres, et nous étions emportés devant eux. Je me souviens de la ruée, du choc de l'acier, et puis plus rien. Je suis devenu *un behosh* . [10] Quand j'ai repris mes esprits, j'ai trouvé ma tête en sang et une grosse bosse au sommet; mais pas d'autre blessure que la coupure au nez. Je suppose que j'ai dû être renversé par un mousquet matraqué. La nuit était tombée et le champ était désert, sauf les morts et les mourants et les bandes de pilleurs. J'ai trébuché pendant un *kos* ou deux, aidé par certains des nôtres que j'ai rencontrés en chemin ; puis je me retrouvai en sécurité dans le camp de Shere Singh. Tu n'es pas en colère, Sahib ! "Que pouvais-je faire?" Ce garçon m'aurait tué. Chacun doit protéger sa propre vie. »

Ainsi, avec un mélange de chagrin et de fierté, avons-nous écouté l'histoire de la façon dont « le chéri de quelqu'un » était mort pour l'honneur de son pays .

NOTES DE BAS DE PAGE :

[6] Gouvernement anglais.

[7] Commandant en chef.

[8] Escouade.

[9] Jeune.

[10] Insensé.

VII.
DILKHOOSHA.

Pendant que nous étions dans ce camp, gardant la rivière, nous fûmes rejoints par un autre jeune officier, et il nous arriva à tous trois un incident pour le moins mystérieux. Notre *bawarchi* , ou cuisinier, était un musulman hindoustani , et nous avions toutes les raisons d'être satisfaits de ses performances culinaires, jusqu'au matin, après le petit-déjeuner, lorsque mes deux compagnons qui s'étaient assis à ce repas en parfaite santé et avec un bon appétit, souffrait de nausées soudaines. Comme je n'étais pas affecté de la même manière et que j'avais mangé la même nourriture avec eux, il ne nous est pas venu à l'esprit de soupçonner un acte criminel. Cependant, la même chose s'est produite plus d'une fois ; et enfin, un jour, nous fûmes tous les trois violemment malades presque immédiatement après notre repas du matin. C'était tout à fait trop suspect : ainsi, comme une inspection minutieuse de nos casseroles et poêles en cuivre montra qu'elles n'étaient pas en défaut, ayant été récemment étamées, nous arrivâmes à la conclusion qu'on essayait de nous empoisonner. Voilà un joli état de choses. Si nous renvoyions le *bawarchi,* il était inutile de penser à lui trouver un remplaçant. Nous aurions dû mourir de faim ou nous fier à l'hospitalité de nos hommes pour *des chapatties* , comme ils en mangent eux-mêmes. Mais il fallait faire quelque chose, et c'est ce que nous avons fait. Une sentinelle fut placée auprès du cuisinier pendant le temps où il préparait notre nourriture, et il reçut l'ordre de garder un œil attentif sur cet individu, et de confisquer et de m'apporter tout condiment ou autre matériel qu'il pourrait proposer d'utiliser. ce n'était pas manifestement inoffensif. Ce n'étaient pas là les ordres que le cuisinier croyait donnés à la sentinelle. On lui fit comprendre, avec beaucoup d'insistance, que le Sikh qui se tenait au-dessus de lui avec un *tulwar nu* avait reçu l'ordre de lui trancher la tête dès qu'il détectait un acte suspect ; et comme il savait que rien ne plairait mieux au sombre disciple de Nanuk que d'exécuter de telles instructions aux dépens d'un disciple du Prophète arabe, son sort cessa aussitôt d'être heureux. En fait, c'était tout le contraire, et il devenait très intéressant d'observer ses démarches sous la terreur de l'épée de Damoclès qui pesait désormais sur lui. Les manches soigneusement retroussées au-dessus des coudes, il s'accroupit devant les trois petits creux inclinés du sol, aux côtés et au dos de pierres, qui formaient son fourneau de cuisine, et continuait ses opérations avec crainte et tremblement ; car tout près derrière lui se tenait le Sikh vigilant. Chaque fois qu'il levait les yeux, il ne pouvait éviter de voir l'acier bleu de la lame tranchante et incurvée ; et parfois la sentinelle, désireuse de s'amuser, fronçait les sourcils méchamment et scrutait un *degchi* comme si elle détectait quelque chose qui n'allait pas. Dans des moments aussi critiques, le malheureux souriait d'effroi, car, en claquant des dents et en suppliant ses mains, il se résignait au pire. Alors le Sikh renfrogné grognerait un *khabardar bourru !* [11] et dites-lui de continuer son travail.

Nos soupçons étaient peut-être injustes ; et ce n'est peut-être qu'une coïncidence. Néanmoins, *c'était* un fait qu'aucun de nous ne souffrait plus de symptômes désagréables après nos repas. Dans l'ensemble, nous avons jugé juste de donner au cuisinier le bénéfice du doute ; et nous saisimes la première occasion de nous passer de ses services.

Nous commençons à nous flatter que la surveillance du Gange exercée par nos auxiliaires de police était tout à fait trop rigoureuse pour l'entreprise des rebelles ; mais nous nous sommes trompés. Il se trouve qu'un matin, Sandeman et moi avons fait le tour des piquets ensemble. Sur une certaine distance, tout semblait calme sur la rivière ; et aucun rapport faisant état de quoi que ce soit d'inhabituel n'a été fait par aucun des postes de police. Nous venions d'arriver près de l'un d'eux, quand, à notre grand étonnement, nous tombâmes tout à coup sur la trace large et fraîche d'un nombre considérable de chevaux et de chameaux, clairement marquée sur le sol mou et humide, et menant directement vers l'intérieur des terres depuis la rivière et immédiatement après. sous les hauteurs sur lesquelles le piquet était posté. Nous avions du mal à en croire nos yeux. Il était évident qu'en quelques heures, deux ou trois cents hommes à cheval avaient traversé la frontière , sous le nez et la barbe de la police, sur la fidélité de laquelle on m'avait demandé de compter, et qui me l'avait soigneusement caché. , s'ils n'avaient pas activement aidé les rebelles. Dès que nous avons trouvé le sentier, nous l'avons suivi à travers le sable jusqu'au point où il émergeait de la rivière, qui n'était alors pas très large. Nous fûmes immédiatement accueillis par un coup de mousquet tiré par un homme à demi caché parmi les joncs de la rive opposée, et qui devait être un tireur d'élite très indifférent, car il nous manqua. Comme il répéta sa performance en moins de temps qu'il n'aurait pu recharger, nous jugeâmes qu'un autre mousquet avait dû lui avoir été remis par un complice mieux caché que lui ; et comme nous ne pouvions pas dire combien d'autres pourraient se cacher dans l'épaisse couverture, nous avons jugé opportun de nous retirer de son quartier , après avoir répondu à ses civilités avec nos revolvers, bien sûr en vain. Nous montâmes alors au poste de police, et mon premier pas fut de désarmer et de faire prisonniers les onze hommes qui le composaient ; car leur trahison était évidente et n'exigeait aucune enquête plus approfondie.

Il y avait un grand village à proximité , et nous y avons trouvé un homme souffrant d'une blessure par balle qui, selon lui, avait été infligée sans raison par l'un des rebelles alors qu'ils passaient devant l'endroit tôt ce matin-là. Cela a été corroboré par d'autres habitants du village, c'est pourquoi je me suis considéré justifié de demander au principal représentant local de l'autorité civile, qui se faisait appeler Tahsildar, de m'accompagner à notre camp, où j'ai proposé de prendre soin de lui jusqu'à ce que l'autorité supérieure le fasse. s'enquérir de la convenance de sa conduite en ne m'envoyant pas de nouvelles de ce qui s'était passé.

Entre- temps, j'écrivais au crayon sur quelques feuilles arrachées de mon carnet un court rapport à Sir John Inglis, commandant à Cawnpore, dans lequel je détaillais les circonstances prouvant la trahison de la police, et suggérais que, si possible, ils devrait être remplacé par une force militaire. J'ai également déclaré que comme il était tout à fait évident, tant d'après l'apparence de la piste que d'après les témoignages des villageois, que la traversée avait été effectuée tôt à l'aube, je considérais qu'il était inutile de tenter de poursuivre le groupe des rebelles. , qu'on disait être sous la conduite du Bala Rao, et se diriger vers Calpee , endroit qu'ils devaient déjà avoir presque atteint, après plusieurs heures de départ. Je conclus en demandant des ordres sur la disposition de mes prisonniers ; et envoya immédiatement la dépêche à Cawnpore.

Sur notre chemin vers le camp, le Tahsildar eut un accident qui, bien qu'assez grave à l'époque, lui sauva très probablement la tête. Il montait un vilain paysan sur lequel il n'avait qu'un contrôle très imparfait, et qui recula sur mon cheval, ce qui provoqua une violente bagarre de coups de pied, à la fin de laquelle le malheureux se retrouva à quatre pattes sur le dos. au sol avec une jambe cassée. J'ai sauté et j'ai constaté que les deux os étaient cassés à mi-chemin entre le genou et la cheville. Aucune aide médicale n'était disponible plus près que Cawnpore ; j'ai donc dû faire de mon mieux pour lui sur place. J'ai donc coupé quelques tiges de *bajra* , ou une culture similaire qui poussait à proximité ; puis, me plaçant à terre devant lui et prenant appui avec un pied contre son corps, je saisis le membre blessé par la cheville et le tirai de toutes mes forces jusqu'à ce que j'aie mis les surfaces brisées l'une en face de l'autre, où d'autres mains les ont placés en position. Une partie de son turban était maintenant enveloppée près de la peau, puis un certain nombre de bâtons étaient serrés les uns contre les autres tout autour de la jambe et retenus par des cordes ; et nous avions des attelles grossières et prêtes à l'emploi, qui répondaient admirablement à leur fonction. Le patient fut alors transporté sur un *charpoy* jusqu'à sa propre maison, où, après plusieurs jours, il fut soigné par un médecin qui pansa le membre de façon orthodoxe et qui déclara que l'opération initiale avait parfaitement réussi. Je n'ai jamais entendu dire que ce Tahsildar avait été pendu, comme je suis convaincu qu'il l'aurait été, si la compassion pour son état d'infirmité ne m'avait pas empêché de porter plainte contre lui. Les dix policiers et leur *Thanadar* n'ont pas eu cette chance. Un officier spécial fut envoyé par Sir John Inglis avec tous les pouvoirs pour enquêter et régler leur cas. Je lui expliquai les dispositions que j'avais prises pour surveiller la rivière. Je lui ai montré la trace du groupe rebelle là où il passait à cinquante mètres du piquet. Son enquête fut terminée en une heure

; et à la fin, il condamna les onze coupables à souffrir la mort comme récompense de leur trahison, et les pendit à un arbre. Il m'informa également qu'il rapporterait que toutes mes dispositions avaient été judicieuses et qu'aucun blâme ne pouvait être imputé à moi ou à mes hommes.

Les rebelles n'ont plus tenté de traverser la rivière ; et en effet, aucun n'aurait été praticable, car la brigade du général Walpole avait été déplacée sur la route depuis Cawnpore et avait effectivement bloqué le passage. Mon parti n'était cependant pas soulagé ; mais il fut autorisé à rester là où il était ; et, au fil des jours, il semblait susceptible de devenir un incontournable. Nous commencions à craindre d'être complètement négligés, alors que Sir Colin Campbell préparait l'avancée finale sur Lucknow - une perspective qui était loin d'être réjouissante - mais il n'était pas facile de voir comment elle pourrait être évitée. Dans cette perplexité, je demandai conseil au colonel d'un régiment qui dépassait notre camp en se dirigeant vers Cawnpore, et qui, avec quelques-uns de ses officiers, déjeunait avec nous. Il m'a conseillé d'écrire au major-général Mansfield, chef d'état-major, et de lui faire part de notre existence, en lui disant depuis combien de temps nous étions détachés du régiment, qui était maintenant à l' Alumbagh , et qui, si nous furent autorisés à le rejoindre, à obtenir l'adhésion à son effectif de trois officiers britanniques et de cinquante sabres . « Vous serez certainement critiqué, » dit-il, « mais il est tout à fait possible que votre groupe soit vraiment négligé et que votre lettre puisse faire ce que vous désirez. il espère surmonter une période difficile.

Heureusement, j'ai suivi ses conseils et j'ai agi en conséquence, et j'ai certainement eu la chute qu'il avait anticipée ; car peu à peu arriva une lettre officielle oblongue d'un officier d'état-major du chef d'état-major — et non en aucun cas du grand homme lui-même. Dans ce document, on me reprochait à juste titre ma présomption d'avoir écrit directement au chef d'état-major, qui, m'a-t-on dit, n'avait pas l'habitude de correspondre avec les subalternes subalternes au sujet des mouvements de leurs détachements. J'ai épinglé cet « terrible avertissement » bien en évidence sur le mur de toile de ma tente, où, à mon amusement et à mon appréhension mêlés, il a été vu peu après par l'officier même qui l'avait écrit. Quoi qu'il ait pu penser de mon traitement désinvolte face à son épanchement, il n'a fait aucune remarque et, peu de temps après, mon détachement a été relevé de son poste et renvoyé à Cawnpore. Là, j'eus la chance d'être attaché à la cavalerie de l'armée de sir Colin Campbell, et de marcher avec elle vers Lucknow ; et telle fut ma chance que, le 2 mars 1858, lorsque le commandant en chef attaqua et s'empara des hauteurs de Dilkhoosha dominant la ville, je me trouvai effectivement aux commandes de l'avant-garde de l'avant-garde ; car telle était la position de ma troupe ce jour-là. Immédiatement derrière lui se trouvait un escadron du 9e Lanciers, suivi par davantage de cavalerie et d'artillerie à cheval. Tandis que nous passions devant l' Alumbagh , où campait le quartier général de notre régiment, je me souviens très bien de la joie que j'éprouvais à l'idée qu'après tout nous avions volé une marche sur lui, et que, sans parler de cette affaire de minuit près d'Unao , notre troupe c'était d'avoir l' honneur d'être le premier à passer à l'action. Je me souviens aussi du regard mélancolique de mon vaillant commandant, le regretté capitaine Wale, alors qu'il nous regardait passer et nous souhaitait bonne chance. Nous savions tous qu'un combat nous attendait ; et il paraissait singulièrement pénible pour le régiment que, après avoir été si longtemps posté au front même, il fût abandonné au dernier moment, « *planté la* », par un détachement qui s'était pour ainsi dire faufilé depuis le front. arrière.

Lorsque la tête de la colonne fut à peu près à mi-chemin entre l' Alumbagh et Dilkhoosha , une halte fut sonnée ; et nous profitâmes de l'occasion pour préparer un petit déjeuner rapide avec les aliments que nous avions rangés dans nos étuis. Pendant cette période, une désagréable averse de pluie bruine fit ce qu'elle put pour amortir nos esprits aussi bien que nos corps ; mais lorsque nous repartirent, cela avait cessé ; après nous avoir posé la poussière et nous avoir offert une journée fraîche et agréable digne d'une revue.

Avec prudence et régularité, nous nous frayâmes un chemin, couverts par la moitié de la troupe en ordre étendu, commandée par le lieutenant Sandeman, qui chassa sommairement de notre route divers petits corps de cavaliers hostiles qu'il rencontra. Ma demi-troupe était en soutien, et lorsque les escarmouches ont commencé, nous avons continué et nous nous sommes joints à la fête. A travers les vergers et les plantations avec parfois des champs ouverts, une série intermittente de petits combats s'est poursuivie tandis que nous poursuivions notre progression.

Soudain, juste au moment où nous sortions d'un bosquet d'arbres pour déboucher sur une plaine dégagée, un lointain nuage de fumée suivi d'un fort bruit, puis du sifflement rauque bien connu d'un coup de feu rond qui déchirait l'air au-dessus de nous, donna avis indubitable que le bal avait commencé. Un autre coup de feu échoua, toucha le sol devant nous, puis ricocha au-dessus de nos têtes vers l'arrière. Un autre, puis un autre, se succédèrent rapidement sans danger. Pendant ce temps, j'avais instinctivement pris du terrain vers la droite pour faire place aux troupes dont je savais qu'elles seraient poussées en avant. L'escadron du 9e Lanciers suivit mon exemple - une troupe d'artillerie à cheval tonna de l'arrière - d'autres cavaliers galopèrent à gauche des canons - et, comme par magie, une ligne se forma vers l'avant, les canons au centre. , avec de la cavalerie sur les deux flancs. Une trompette sonna « l'avancée » et le « galop », et nous balayâmes la plaine, droit vers la position ennemie, sous un feu furieux, trop furieux et trop rapide, heureusement, pour nous faire beaucoup de mal. Un coup de feu a touché un homme du 9e Lancers en plein visage. Sa tête disparut dans le vide. En quelques instants, nous étions à une centaine de mètres de l'ennemi, qui continuait à nous tirer dessus avec frénésie. Ici, nous nous arrêtâmes ; et nos propres canons, avec la rapidité étonnante qui fait l'admiration de toutes les autres branches de l'armée, se déployèrent et entrèrent en action. Leur pratique était très différente de celle de l'artillerie rebelle. Tout aussi rapide, mais avec une régularité calme, travaillant comme les pièces d'une machine parfaite, canon après canon, soigneusement et précisément posés, pilonnés sur la batterie adverse, et avec un effet écrasant presque instantanément. Après quelques coups, le feu de l'ennemi se ralentit et bientôt cessa presque complètement.

Pendant que se déroulait ce duel d'artillerie, j'ai eu l'occasion d'observer l'effet de ce qu'on appelle communément le « blue funk » sur une jeune recrue. Il était au dernier rang ; et tant que durait l'excitation du galop vers le front, il avait gardé sa place parmi ses camarades ; mais rester assis à moins de cent mètres de canons crachant de la fumée, du bruit et des balles rondes était plus que ses nerfs n'étaient égaux ; et il commença – à moitié inconsciemment, j'ose dire – à tirer sur la tête de son cheval et à le faire progressivement sortir des rangs. Cela ne suffirait jamais ! L'exemple est accrocheur, alors j'ai galopé derrière lui et utilisé un langage calculé pour le ramener à la raison, mais sans effet. La bouche entrouverte et les yeux sortant de la tête, il continuait à fixer les terrifiants canons, saluant chaque explosion d'un petit gémissement horrifié ; et tout le temps il n'arrêtait pas de faire reculer son cheval vers moi. J'étais obligé d'y mettre un terme. Dans un instant, il nous aurait tous enfuis et déshonorés – peut-être aurait-il infecté certains de ses camarades avec sa propre panique. Pour la dernière fois, j'ai crié que je lui passerais mon épée s'il ne « s'habillait pas ». Il n'y prêta pas attention ; et je me jetai sur lui de toutes mes forces. Sa chance l'a sauvé. Il avait un petit bouclier en peau de buffle accroché à son épaule gauche ; et instinctivement, il s'est retourné à moitié et a attrapé la pointe de mon épée dedans, et là, elle s'est coincée. Plus je tirais et plus mon langage était mauvais, moins il ressortait ; et je crains que les mots par lesquels j'ai exprimé mon dégoût n'aient pas été choisis avec discrétion, lorsque derrière moi une voix s'écria : « Qui commande ce parti ? En regardant autour de moi, la panique de la malheureuse recrue n'était rien comparée à la mienne lorsque j'aperçus le visage sévère du commandant en chef, Sir Colin Campbell. Pris en train d'essayer de tuer l'un de mes propres hommes, des visions d'une cour martiale - de la perte de ma commission - flottaient devant moi, tandis que, d'un seul effort désespéré, j'arrachais la lame du bouclier et, la laissant tomber. montrez le chef, balbutia ma défense . "Je ne pouvais vraiment pas m'en empêcher, Monsieur ? Il montrait la plume blanche. J'avais peur qu'il s'enfuie." À mon immense soulagement, les traits sombres se détendirent en un sourire. « Peu importe, » dit Sir Colin, « vous aviez tout à fait raison. Ils essaient d'emporter certaines de leurs armes sur le front droit. Galopez après eux et attrapez-les. On peut imaginer que je n'ai pas perdu de temps pour exécuter cet ordre et pour mettre autant de distance que possible entre moi et Son Excellence. Ma jeune recrue est venue aussi et s'est très bien comportée ensuite. Il s'est révélé un bon soldat après ce « baptême du feu ». Un grand galop nous fit bientôt rejoindre les ennemis volants, qui furent « pilonnés » par un grand fossé, où ils abandonnèrent les canons et prirent la fuite, mais trop tard pour se sauver. Ici, j'ai failli échapper à la fin abrupte de mes expériences militaires. Deux « Pandies », que je poursuivais, se retournèrent brusquement et se tenèrent à distance, et me fouettèrent presque simultanément avec leurs *tulwars* tandis que je chargeais entre eux. L'homme de droite abattit son épée sur ma tête, heureusement protégée par un épais « puggari », dont elle se divisait en plusieurs plis, puis jeta un coup d'œil sur l'épaule de mon cheval, lui infligeant une blessure longue et profonde. Au même moment, je lui ai infligé une coupure balancée sur son propre crâne qui était recouvert par une petite coupelle crânienne. Cela l'a effectivement calmé; mais j'eus à peine le temps de lancer mon épée et de recevoir sur elle un coup rapide de l'homme à ma gauche, qui maîtrisa partiellement ma garde et tomba sur mes côtes, heureusement beaucoup diminué en force ; de sorte que je m'en suis sorti avec une insignifiante blessure à la chair. Il n'a pas eu d'autre chance ; car j'ai laissé tomber la pointe de ma lame et je lui ai transpercé le corps. J'étais bien sorti de cette mêlée, mais mon malheureux cheval était complètement handicapé ; j'ai donc dû descendre de cheval et le confier aux soins d'un de mes hommes, dont j'ai emprunté l'animal pour le reste de la journée ; et je l'ai trouvé un très mauvais échange, tant au niveau du chargeur que de la selle.

Je sens que je dois interrompre mon récit pour demander l'indulgence du lecteur pour l'introduction des descriptions de certaines des aventures qui me sont arrivées personnellement. J'espère qu'il peut croire que ce n'est pas dû à un désir insensé de poser devant lui ; ni au désir, selon les mots du gros garçon de M. Wardle, de « donner la chair de poule » ; mais simplement parce que je veux rendre ces croquis aussi graphiques que possible ; et il me semble que cela aurait pour effet de les décolorer si je les dépouillais de tout intérêt personnel. Dans des campagnes comme celles de la Mutinerie, dans lesquelles notre cavalerie irrégulière était si librement utilisée et jouait un rôle si important, les combats au corps à corps étaient beaucoup plus fréquents que dans les guerres ordinaires. En fait, chaque officier de cette branche avait d'innombrables occasions de tester son habileté au combat ; car les escarmouches étaient souvent presque quotidiennes ; et dans chaque escarmouche, il portait littéralement sa vie à la pointe de son épée. Pour résumer : Quelques minutes plus tard, une autre aventure de type "touch and go" m'est arrivée. Au cours d'une *mêlée,* un frère officier avait repéré un fantassin rebelle et s'efforçait ardemment de l'abattre, mais son adversaire, baïonnette au poing, le tenait à distance et venait de porter son mousquet à son épaule pour tirer, quand, par chance, Juste à temps, j'ai vu ce qui se passait et j'ai chargé le Pandy, qui, déconcerté par l'attaque soudaine, a tenté à la hâte de diriger son objectif vers moi, mais en vain. Alors qu'il appuyait sur la gâchette, sa balle filait sans danger devant mon visage, tandis que j'abattais le tranchant de mon épée sur son crâne avec une telle bonne volonté qu'elle se fendit en deux, et il tomba mort. Cette heureuse intervention dans un *combat à deux* inégalement égal a probablement sauvé d'une fin prématurée une vie qui s'est révélée depuis de la plus haute valeur et utilité, tout en me préservant un cher camarade et un ami de toujours. Parmi mes biens les plus précieux se trouve l'épée qu'il m'a donnée en souvenir de cette affaire.

La résistance offerte par l'ennemi à l'avance de Sir Colin n'était pas assez sérieuse pour l'arrêter ; et en fait, aucun déploiement de ses troupes n'était nécessaire. Les têtes de ses colonnes avancèrent régulièrement et se rapprochèrent progressivement de la position sur les hauteurs qu'il avait décidé d'occuper comme offrant le meilleur point d'où réaliser ses plans pour l'assujettissement de Lucknow.

Tandis que ma troupe gravissait une pente près du Dilkhoosha, nous fûmes soudain heureux de voir un corps de chevaux, forts d'environ quarante ou cinquante hommes, qui apparaissaient en ligne sur la crête de celui-ci, venant vers nous au pas. Les uniformes gris français de cette escouade ne laissaient aucun doute sur son appartenance à l'un des anciens régiments réguliers ; et j'espérais grand que nous aurions maintenant l'occasion d'effacer une partie de la disgrâce que leur trahison avait causée à tous ceux qui avaient appartenu à leur branche du service de la Old John Company : mais les lâches ont refusé de nous donner l'occasion. .

« Trois environ », ils partirent dès qu'ils nous aperçurent, et disparurent aussitôt, cachés par la colline. On peut imaginer que nous n'avons pas perdu de temps à enfoncer nos éperons et à galoper après eux : mais quand nous sommes arrivés au sommet de la pente, ils avaient si bien utilisé les jambes de leurs chevaux qu'ils étaient déjà loin, courant à toute allure, dans des nuages de poussière, au-dessus de la plaine en contrebas, et se dirigeant vers un gué traversant la rivière Goomti , dans laquelle ils s'enfoncèrent bientôt. La hâte dans laquelle ils se trouvaient était agréable à voir, tout comme leur totale indifférence à toute prétention de maintenir une quelconque formation. De toute évidence, ils se rendirent compte que ce n'était pas le moment de se laisser gêner par une adhésion pédante au « forage ». Une telle régularité mécanique du mouvement pourrait très bien convenir au champ de bataille ; mais dans un véritable métier de soldat, comme celui-ci, « l'initiative individuelle » doit prendre la place. Ils y entrèrent par deux ou trois, juste au moment où ils arrivèrent au gué, et traversèrent le gué en pataugeant : mais à ce moment-là, deux de nos canons s'ouvrirent sur eux et rendirent leur passage très inconfortable ; car ceux qui n'étaient pas renversés de leur selle étaient trempés par le clapotis des projectiles. Une fois traversés, ils ont continué leur carrière à la meilleure vitesse pendant encore un ou deux kilomètres avant de reprendre les rênes. Dans l'ensemble, je ne pense pas qu'ils aient beaucoup apprécié la balade de cette matinée.

NOTE DE BAS DE PAGE:

[11] Attention.

VIII.
CHANCE MAINTENANT.

On raconte l'histoire du comportement d'une compagnie d'infanterie autochtone lors de l'établissement d'une présidence sœur, que je pourrai me pardonner de reproduire ici, car elle peut être nouvelle pour certains de mes lecteurs.

La compagnie en question effectuait un mouvement inhabituellement rapide vers l'arrière, pour s'éloigner d'un quartier indésirable , lorsqu'un officier britannique, qui tentait d'arrêter la bousculade, rugit après celle-ci : Halte ! Arrêt! Arrêt! À cela, un gros vieux Subadar, qui faisait de son mieux pour suivre son commandement, balbutia avec indignation alors qu'il se précipitait, soufflant et soufflant : « Kaun guddha stop bolta. hé ? Yih stop ka wakt nahin hai !" "Quel connard dit halte ! Ce n'est pas le moment de s'arrêter. » A Madras, cette histoire, si elle est connue, est sans aucun doute mise au crédit d'un régiment du Bengale, et probablement avec la même vérité. *Si non e vero e ben trovato* – ce qui doit être mon excuse pour la répéter. .

Au cours de mon travail de ce matin, je rencontrai par hasard un soldat britannique — je pense au 9th Lancers — qui avait été blessé, mais pas très gravement, mais suffisamment pour le paralyser. Il attendait patiemment sous un arbre que l'établissement hospitalier vienne le chercher ; et quand je lui ai demandé si je pouvais faire quelque chose pour lui, il m'a répondu qu'il souffrait de soif et qu'il donnerait n'importe quoi pour boire de l'eau. "Tu préfères la bière ?" J'ai demandé. "Oh, monsieur," répondit-il, "ne vous moquez pas de moi." Son visage était ravissant à voir lorsque je sortis d'un de mes étuis une bouteille d'une pinte de "Bass" que j'y avais rangée selon mon habitude invariable, et que je lui renversai la tête en glissant mon épée contre elle. Le garçon reconnaissant s'est efforcé de m'en faire boire la moitié ; mais je n'ai pas pu résister à la tentation de le regarder l'avaler jusqu'à la dernière goutte. Lorsque je lui ai présenté un meilleur cheroot de Manille que celui qu'il avait probablement jamais fumé dans sa vie auparavant, il a commencé, je le crois vraiment, à penser qu'il rêvait et qu'une chance aussi étrange ne pouvait pas être réelle.

Avant le soir du lendemain, une immense ville de toile avait surgi derrière le palais Dilkhoosha . « L'équipement à l'échelle de Cabul » n'avait pas été inventé à cette époque ; et même les subalternes se prélassaient dans de grandes tentes de montagne à l'ancienne mode, de dix ou douze pieds carrés, tandis que les soldats britanniques étaient logés dans des affaires spacieuses à deux pôles ; de sorte qu'un campement occupait beaucoup plus de place qu'il n'en faudrait maintenant. Il n'est pas étonnant que l'armée de combattants de Sir Colin ait été gênée par une armée beaucoup plus nombreuse de partisans du camp impuissants, dont le Dr Russell, le célèbre correspondant de guerre, a ainsi écrit : « Qui peut vraiment avoir à l'esprit un train de bagages ? des animaux de vingt-cinq milles de long, une chaîne de seize mille chameaux, un parc de train de siège couvrant un espace de quatre cents mètres sur quatre cents, avec douze mille bœufs attachés, et une suite de soixante mille non-combattants.

Sir Colin Campbell ne perdit pas de temps pour pousser le siège, car il commença pratiquement le 2 mars, le jour où il atteignit le Dilkhoosha . Je me souviens très bien d'avoir observé avec admiration la brillante performance de la brigade navale, les vestes bleues du *Shannon* , sous les ordres de l'héroïque capitaine Peel, alors qu'elles se dirigeaient vers une position devant le palais, où, sur le terrain découvert en pente descendante vers le À la Martinière, sans un vestige de couverture, ils posèrent leurs canons et commencèrent une réponse féroce à la canonnade des rebelles depuis les immenses terrassements défensifs qu'ils avaient dressés au sud-est de la ville . Notre vaillant vieux chef était cependant beaucoup trop sage pour jeter tout son poids contre ces terribles lignes de défense jusqu'à ce qu'il en ait sous-estimé la valeur par le dispositif simple mais efficace d'un mouvement tournant, ce favori de tous les grands commandants. Pour exécuter ce projet, Sir James Outram fut envoyé à travers le Goomti , près de Bibiapore , le 6 mars, avec une force très importante de toutes les armes, qui se fraya un chemin jusqu'à la rive gauche du fleuve, chassant l'ennemi devant lui. jusqu'à ce que, le 9, il ait atteint une position d'où il a réussi à enfiler les lignes de défense rebelles .

Sir Colin était désormais capable d'avancer sans l'énorme sacrifice de vies qui autrement aurait été inévitable. Ce jour-là, le Black Watch prend d'assaut la Martinière à la pointe de la baïonnette sans tirer un seul coup de feu. Le lendemain, la « Banks' House » fut saisie et rapidement fortifiée ; et depuis cette position avantageuse, étape par étape, délibérément et irrésistiblement, nos ingénieurs et notre artillerie ont sapé et ouvert la voie à notre infanterie à travers bloc après bloc de bâtiments, jusqu'à ce que le 21 mars, chaque palais, mosquée et enceinte fortifiée de Lucknow. avait été emportée, et la ville entière était entre nos mains.

Pendant que cela s'accomplissait, mon régiment avait fait partie d'une brigade dirigée par le brigadier W. Campbell, qui marchait autour de la ville , au-delà de l' Alumbagh , jusqu'à une position en face du Moosabagh , dans le but d'empêcher la fuite des rebelles lorsqu'ils devrait être chassé de la ville par les baïonnettes de l'infanterie. Au cours de ce mouvement, nous avons rencontré une opposition décousue et avons perdu plusieurs vies ; mais nous ne rencontrâmes pas de grandes masses d'ennemis ; et il ne fait aucun doute que des milliers d'entre eux nous ont échappé et ont réussi à s'enfuir, pour se réunir plus tard et prolonger, dans la « chaleur » qui approche à grands pas, une lutte qui, si nous avions eu plus de chance, aurait pris fin. là et ensuite. En même temps, pour rendre justice au brigadier Campbell, il faut se rappeler que le demi-cercle qu'il a parcouru était d'une grande étendue — probablement plus de trente milles — et il n'est pas nécessaire de faire un grand effort d'imagination pour concevoir à quel point la tâche était difficile. empêchant, avec une petite brigade de cavalerie et d'artillerie à cheval, qu'une si longue ligne ne soit pénétrée par des corps de fugitifs à un moment ou à un autre, même de jour, plus encore sous le couvert de la nuit.

J'ai été très frappé au cours de cette marche par un exemple d'héroïsme de la part de deux mousquetons de village qui mérite d'être enregistré et qui, s'il avait été exécuté par des indigènes d'un pays européen pour défendre leurs maisons, aurait été chanté par des poètes en des ballades patriotiques, et aurait valu aux courageux acteurs une immortalité d'applaudissements.

Les éclaireurs de l'avant-garde s'approchaient d'un « nullah » très large et profond que j'avais reçu l'ordre de reconnaître en vue de trouver un passage praticable pour nos canons. Sur la plaine plate derrière nous, sous un soleil éclatant, avançait lentement le puissant corps de cavalerie, dont nous n'étions que les précurseurs. Au-delà du « nullah », niché parmi ses champs et ses manguiers, se trouvait un petit village d'où sortaient deux grands paysans, vêtus de leurs habituels vêtements de travail en coton blanc, chacun portant une mèche à mèche.

Avec la plus grande délibération, ces deux hommes s'approchèrent du ravin et, couchés dans un creux abrité, ouvrirent le feu sur nous. Ils ne pouvaient se faire aucune illusion quant à leurs chances de s'échapper. Ils virent qu'ils étaient deux contre deux mille. Ils savaient que leurs modestes efforts pour nous arrêter étaient vains ; mais pourtant ils firent tout ce qu'ils purent et se consacrèrent jusqu'à la mort à la défense des murs de boue brune qui abritaient leurs dieux domestiques. En vain nous leur criions que nous n'avions pas l'intention de nuire à leur village, que nous le dépassions et que nous n'y entrerions pas. Ils ne nous croyaient évidemment pas ; et continuèrent à charger et à tirer avec autant d'expédition que leurs longs et maladroits verrous d'amadou le leur permettaient. Ils étaient sûrs de frapper certains d'entre nous à temps : nous étions donc obligés de disperser et de traverser les nullah en différents points, et de « tomber sur eux avec le tranchant de l'épée ».

Lorsque la dernière grande éruption des rebelles du Moosabagh eut lieu le 21 mars, le brigadier Campbell fut sans aucun doute surpris en train de faire une sieste. Ce n'est que lorsque plusieurs milliers d'ennemis furent sortis et eurent déjà parcouru des kilomètres de pays que la brigade se lança à sa poursuite. Les premiers à partir furent deux troupes du 1er Sikh Irregulars sous les ordres du capitaine l'honorable Hugh Chichester, avec lequel le lieutenant Sandeman et moi-même fûmes envoyés. Nous galopâmes pendant plusieurs milles sans rencontrer plus que quelques groupes épars, et commençâmes à penser que la fuite annoncée des « Pandies » était une fausse alerte, quand tout à coup le nombre des fugitifs commença à augmenter, et bientôt nous nous trouvâmes en l'épaisseur d'eux. A l'exception de quelques hommes de rang montés sur des éléphants, ils étaient tous à pied. Leurs cavaliers s'étaient éloignés de nous. Notre progression devint alors moins rapide, car nous étions engagés dans une série de « mêlées », et bientôt le reste du régiment arriva, ainsi que le 7e Hussards et le train militaire.

Si tardivement que nous fussions à rattraper les rebelles, nous leur infligeâmes néanmoins un grand massacre, sans presque aucun dommage pour nous-mêmes jusque tard dans la journée, presque à la fin de la poursuite, lorsque notre régiment subit une perte irréparable, qui sera bientôt raconté.

Nous étions, comme d'habitude dans des affaires similaires, divisés en petits groupes et en individus isolés, lorsque j'aperçus sur mon front gauche un robuste coquin, apparemment, d'après son costume, un soldat de cavalerie démonté, qui avançait, un mousquet sur l'épaule. , dédaignant d'un air maussade de courir. Je l'ai marqué comme proie et je me suis précipité après : mais quand je suis arrivé à quelques mètres de lui, il m'a fait face et m'a couvert de son mousquet, s'exprimant en même temps en termes très énergiques d'injures et de défi. Cette attitude intransigeante de sa part me fit penser qu'il serait plus prudent de tirer que de tenter de le sabrer : je tournai donc vers la gauche, tournai autour de lui par la droite, rendis mon épée et dégainai mon revolver. Pendant tout ce temps, il tenait bon, tournant lentement sur son pivot, et ne cessant de suivre mes mouvements de sa visée ; mais il réserva son feu, car sans doute il réfléchissait froidement que, s'il me manquait, il serait à ma merci. Je lui ai vidé chaque canon de mon revolver, et à chaque fois sans le toucher. Entre ses jambes, sous ses bras, au-delà de sa tête, mes balles ont volé jusqu'à ce que les six balles soient épuisées. Il ne me restait plus qu'à galoper à bonne distance, à recharger et à renouveler l'expérience, ou bien à m'en remettre à mon épée et à le charger. J'ose dire que s'il n'y avait eu aucun témoin, j'aurais choisi la première alternative : mais il y avait beaucoup d'hommes du régiment à proximité, et la honte m'en a empêché ; alors je rendis le pistolet inutile, tirai mon épée et, le cœur dans la bouche, je m'élançai droit sur lui à toute vitesse. Alors que je levais le bras pour frapper, il appuya sur la gâchette. En me penchant à moitié hors de la selle du côté le plus proche, j'ai échappé à la balle et lui ai porté sur la tête de toutes mes forces une coupure qui l'a fait tomber à terre. Bien que mortellement blessé, il n'était pas mort ; et il fouilla dans sa *ceinture* pour chercher un revolver qui en dépassait ; alors je descendis de cheval, et tandis qu'il, étourdi et aveuglé, retirait le pistolet de sa ceinture, je saisis son poignet et dirigeai sa visée en l'air sans danger. J'ai ensuite arraché l'arme de sa main et j'en ai utilisé un autre canon pour le mettre hors de sa douleur. Ce revolver a ensuite été identifié comme ayant appartenu à un officier nommé Thackwell , si ma mémoire est bonne, qui avait été tué dans la City quelques jours auparavant alors qu'il était séparé de ses camarades.

Peu de temps après cet incident, j'aperçus au loin sur notre gauche un petit groupe de fugitifs se dirigeant vers un village fortifié, et j'eus l'idée de tenter un tir lointain sur eux avec mon fusil Lancaster, qui était toujours porté par mon infirmier. une ceinture en bandoulière ; alors je me suis retourné et je l'ai demandé, mais l'infirmier n'était pas visible, et certains des autres hommes ont dit : — « Ne sais-tu pas, Sahib, que ton infirmier a été tué ? "Tué!" M'écriai-je. "Quand ? Ne m'a-t-il pas suivi depuis le début ?" Puis, pour la première fois, j'appris que le fidèle, qui devait être sur mes talons lorsque je chargeai le cipaye, mais dont j'avais totalement ignoré la présence dans mon excitation, avait été touché à la poitrine par la balle. auquel j'avais échappé de si peu et qu'on avait vu tomber. Je ne pus alors retourner à l'endroit fatal, mais j'envoyai immédiatement deux hommes pour retrouver le pauvre garçon et, s'il était encore en vie, chercher un doolie et le porter à la tente-hôpital du camp.

Pendant plusieurs milles, nous poursuivions notre poursuite jusqu'à ce que nous ayons apparemment épuisé le filon — pour employer un terme de mineur — sur lequel nous avions frappé. Nous étions sur le point d'abandonner la poursuite, lorsque, de l'autre côté d'un ravin, un fugitif solitaire tira avec son mousquet sur un groupe de nos officiers. Il devait viser celui qui, de par sa barbe brune et son âge apparent, lui paraissait le plus important et le plus susceptible d'être le commandant. Ce coup de feu nous a coûté la vie de notre courageux commandant. Le vaillant capitaine Wale tomba, mortellement blessé par deux balles, dont l'une traversa sa barbe jusqu'à sa gorge, l'autre dans sa bouche. Il fut immédiatement vengé, car, alors que le cipaye rebelle se tournait pour fuir, il tomba également mort, touché à la colonne vertébrale par une balle du revolver du capitaine Chichester.

En quelques minutes, au grand chagrin de ses officiers et de ses hommes, qui l'aimaient comme peu de commandants le sont jamais, le pauvre Wale rendit son dernier soupir. Un doolie fut appelé par l'arrière, son corps y fut placé et ramené avec respect au camp. Le cœur malade, je cherchais maintenant l'endroit où mon malheureux infirmier avait connu son sort. Mes pires craintes se sont réalisées. Il était mort. Son corps n'avait pas été dérangé par les hommes que j'avais envoyés pour le retrouver, et il était allongé sur le dos, le fusil sous lui, avec un trou dans la fronde de cuir juste à l'endroit où il traversait le cœur. A proximité gisait le cadavre du cipaye.

Notre retour au camp ce jour-là fut très triste. J'avais à peine placé devant ma tente le doolie dans lequel se trouvait le corps de mon pauvre infirmier, que son père, un beau vieux Sikh, qui était aussi sowar dans le régiment, et qui, étant resté au camp à cette occasion, était en ignorant complètement nos pertes, s'est approché de moi avec un sourire sur son beau vieux visage pour me demander des nouvelles de son fils. Mon cœur était trop plein pour parler. Je ne pouvais que montrer le doolie dont les rideaux étaient fermés. En soulevant l'un d'eux, il regarda à l'intérieur et comprit son deuil. Le vieux soldat fier se redressa, me salua et dit : « Le « nokri » (service) de mon fils est terminé. Laissez-moi prendre sa place. Je serai maintenant votre infirmier, Sahib. Je n'ai pas honte de dire que cet acte touchant de courage spartiate simple et intact m'a complètement déséquilibré.

Les restes du courageux capitaine Wale reposent dans le Moosabagh , un jardin clos qui appartenait autrefois aux Nawabs d'Oudh, mais qui fut confisqué à Wajid Ali, le dernier de cette race, par le gouvernement britannique. Les murs massifs, les tours et les portes de l'ancien palais royal s'effondrent maintenant rapidement en ruines. L'immense jardin qui y fleurissait autrefois est aujourd'hui un désert d'épines et d'arbres de la jungle, entrecoupé de parcelles de culture mal entretenues. Tout parle de délabrement et de négligence, sauf le tombeau lui-même et sa petite enceinte fortifiée, que j'ai été heureux de trouver le 4 janvier 1891 en parfait état et montrant des signes évidents d'attention particulière de la part des autorités du district. À environ un stade au-delà de la quatrième borne kilométrique sur la route Lucknow-Bareilly, et à environ un mile à droite, se trouve le Moosabagh , dans lequel, sous les bras étendus d'un beau et vieux manguier, se trouvera le tombeau solitaire, portant sur lui. l'inscription suivante : -

"Sacré à la mémoire du capitaine F. Wale, qui a levé et commandé la 1ère cavalerie irrégulière sikh. Tué au combat à Lucknow le 1er mars 1858. Ce monument est érigé par le capitaine LB Jones, commandant par intérim de la 1ère cavalerie irrégulière sikh. , en signe de respect pour cet officier, qu'il admirait à la fois en tant qu'ami et soldat, le capitaine Wale a vécu et est mort en soldat chrétien.

La désignation originale de la 1ère cavalerie irrégulière sikh a disparu de la *liste de l'armée* . Il est maintenant connu sous le nom de 11e lanciers du Bengale (Prince of Wales' Own). Tant que ce régiment distingué continuera d'exister - et que cela dure aussi longtemps que l'Empire britannique lui-même ! - sera impérissablement associé à ses annales, le premier nom inscrit sur sa liste d'appel, celui de son fondateur et premier commandant, le vaillant capitaine Wale. .

IX.
LA MORT D'UN HÉROS.

Peu de temps après avoir suivi jusqu'à la tombe les restes de mon bien-aimé commandant, j'ai eu le malheur d'être prosterné par une grave crise de fièvre rémittente et d'être envoyé en congé de maladie de six mois dans les collines.

Avant de terminer ces brefs mémoires, je dois tenir ma promesse de raconter comment mon cher camarade et ancien commandant, le capitaine Sanford, a perdu la vie.

Il avait succédé au vaillant Younghusband, tué peu de temps auparavant à Futtehgarh , dans le commandement d'un détachement de la 5e cavalerie du Pendjab, qui faisait partie de la brigade à cheval sous Sir Hope Grant, et était attaché aux forces de Sir James Outram pendant la guerre. opérations en mars 1858 sur la rive gauche du Goomti . Le 10 mars, alors que la brigade de cavalerie revenait d'une reconnaissance, elle subit le feu d'un petit groupe de rebelles. Sir Hope Grant ordonna au capitaine Sanford d'attaquer ces hommes ; mais avant qu'il puisse les rattraper , ils avaient atteint l'abri d'un village que Sanford décida de reconnaître personnellement avant d'y emmener ses hommes. Il les descendit donc de cheval et les laissa dehors, tandis qu'il pénétrait dans les lieux sans un seul compagnon. Il grimpa sur le toit plat d'une maison et s'avança jusqu'à un muret qui la séparait du toit de la maison voisine. Il avait dû franchir ce mur lorsqu'il se trouva confronté aux meurtrières d'un bâtiment plus élevé, à quelques mètres de lui. De ces meurtrières jaillit une volée, et il tomba, touché d'une balle au front. Ainsi se termina une vie qui jusqu'alors semblait enchantée. Toujours totalement insouciant de sa propre sécurité, tout en étant prévenant à l'égard des autres, magnifique cavalier, maître accompli de l'escrime, il avait jusqu'ici mené sa vie triomphalement et gaiement à travers cent périls. Sa première blessure fut la dernière. La veille de sa chute, il avait lu dans la *Gazette l'annonce de sa promotion à la majorité brevetée pour service distingué avant Delhi : et sans aucun doute son cœur était plein de fierté de soldat et d'espoir d'* un honneur encore plus brillant lorsque la balle mortelle soudain et pour je l'ai jamais arrêté.

Comme il ne revenait pas, on craignait le pire ; et un vaillant jeune officier se porta volontaire pour aller à sa recherche. Avec lui étaient deux hommes de Sanford. Ils suivirent le chemin qu'il avait suivi, mais à peine arrivèrent-ils au sommet de la maison qu'une autre volée abattit les deux sowars, tuant l'un et blessant l'autre. L'officier a immédiatement traîné le blessé hors de la maison, puis est revenu et a emporté le corps de son camarade. Il reprit sa mission héroïque, accompagné de deux nouveaux volontaires. Au cours du bref épisode précédent , il avait remarqué que les meurtrières du bâtiment élevé étaient si découpées que les bouches des mousquets de ses occupants ne pouvaient pas être enfoncées à un angle très aigu. Il laissa alors ses deux hommes au pied du mur de la maison et monta lui-même sur le toit. Se jetant à plat ventre, il rampa jusqu'à la cloison basse au-delà de laquelle gisait le corps du capitaine Sanford. Alors qu'il sautait par-dessus et se jetait à nouveau à plat, une volée fut tirée, mais elle le manqua. Son hypothèse s'est avérée exacte. Pendant qu'il gisait à terre, les mousquets des rebelles ne pouvaient pas être abaissés pour le frapper : il se glissa donc jusqu'au corps et, le traînant avec lui, atteignit le muret. Exerçant toutes ses forces, il le hissa et tomba avec lui de l'autre côté, sortant indemne de la fusillade précipitée qui le poursuivait. En quelques secondes, il fut de nouveau en sécurité avec son fardeau sacré. S'ensuivit alors un petit combat intelligent. Le village a été pris d'assaut et tous les rebelles qui s'y trouvaient ont été tués. Le jeune héros dont j'ai raconté l'histoire a été recommandé par Sir Hope Grant pour la Croix de Victoria, que mes lecteurs conviendront sans aucun doute avec moi en pensant qu'il avait bien mérité, mais elle ne lui a pas été décernée.

Bien que je n'aie pas été témoin oculaire des événements décrits ci-dessus et que je ne puisse donc garantir, de par ma connaissance personnelle, la stricte exactitude de tous les détails, le lecteur peut parfaitement se fier à l'exactitude principale de la relation : car je l'ai répété telle qu'elle est. on me l'a dit à l'époque ; et, profondément intéressé que j'étais par tout ce qui concernait le sort d'un ami aussi cher que Sanford l'était pour moi, l'histoire s'est gravée dans ma mémoire. J'en ai d'ailleurs récemment recherché et obtenu une confirmation satisfaisante.

À environ cent cinquante mètres à droite de la route Lucknow- Fyzabad , et à environ cent mètres au-delà du pont où cette route traverse le Gokral nullah, se dresse un obélisque dans une petite enceinte fortifiée. Sur une tablette de marbre blanc placée dans l'obélisque se trouve l' inscription suivante : « Sous ce monument repose la dépouille mortelle de Charles Sanford, feu capitaine de la 3e cavalerie légère du Bengale, qui, alors qu'il dirigeait vaillamment un corps de cavalerie démontée du Pendjab dans un L'assaut contre une place fortifiée près de Lucknow, le 10 mars 1858, entraîna la mort d'un soldat.

"Étranger : respectez le lieu de repos solitaire des courageux !"

Une dalle sur le mur de l'enceinte indique qu'elle a été consacrée par le très révérend Ralph, évêque de Calcutta, le 17 janvier 1878.

Vraiment, un lieu de repos solitaire pour les cendres d'un héros. Un arbre solitaire marque l'endroit sur la plaine brune et nue, dont la surface désolée est sillonnée de petits ravins descendant jusqu'au Gokral nullah. Non loin de là se trouve un village, probablement celui où tomba le vaillant Sanford. Une large vallée cultivée, à travers laquelle la tortueuse rivière Goomti coule, comme un immense serpent, ses plis lents, remplit, au sud, le premier plan du paysage. Au-delà des champs, à travers la brume lointaine, s'élèvent, incarnés parmi les bosquets d'arbres, les dômes et les minarets de Lucknow - une scène belle et placide - réalisant la vision du poète d'un « repaire d'ancienne paix ».

Tels sont aujourd'hui les environs du lieu sacré où, il y a près de trente-trois ans, reposait, alors que l'air était épais de la fumée des batailles, tout ce qui pouvait mourir de l'héroïque Charles Sanford.